【文庫クセジュ】

アーカイヴズ

記録の保存・管理の歴史と実践

ブリュノ・ガラン著
大沼太兵衛訳

Que sais-je?

白水社

目次

凡例

・原著者による注は、＊印をつけて、章末に示した。

・訳者による注は章ごとに（1）、（2）と番号を振り、章末に示した。

序

「アーカイヴズとは、日付、保存場所、形式および媒体を問わず、あらゆる自然人または法人により、および公的または私的なあらゆる業務部門または機関により、その活動の実施において作成または受領された、データを含む文書の総体である」

フランスの文化遺産法典はアーカイヴズをこのように法的に定義しており、アーカイヴズというものが、いまだにしばしば誤解されるように、歴史家や好事家だけに役立つ古文書のみを意味するのではない、ということをはっきりと宣言している。この定義はまた、アーカイヴズの**有機的**な性格をも規定している。つまり、ここでいう文書とは、何らかの活動の一環として、管理上の必要から、またしばしば権利や義務の明確化の必要から、作成されたものなのである。そうした文書はそもそも歴史物語を記すために作られたものではないため、後世の証言と比較すると、より正確かつ事実に即していると見なすことができる。ただし、この仮定を裏づけるためには、注意深い**資料批判**が必要であり、それによって文書の**真正性**を立証できなくてはならず、さらに文書の**出所**をたどって元の**文脈**の中に位置づけることができなければならない。また、アーカイヴズの分析にあたっては全体を視野に入れた理解が不可欠であるため、この語は長年、つねに複数形〔archives〕のみで使われ、一方、単数形でアーカイヴズを語る場合には（歴史家アルレット・ファルジュの一九八九年の著書『アーカイヴの味わい〔*Le Goût de l'archive*〕』によりこの語の単数形が認知されるまでは）「アーカイヴズの文書〔document d'archives〕」という表現が好まれてきた。この点で、アーカイヴズは、しばしば選択的に収集されてきた図書館資料や博物館・美術館の展示資料とは根本的に異なっている。

アーカイヴズの保存に関しては、文化遺産法典の「管理の必要および公的または私的な自然人または法人の権利の証明の必要のため、並びに研究上の歴史的参考資料とするため」という文言が示すように、公共の利益という面から考えることもできる。アーカイヴズは、その作成者および受益者のための**証拠**であると同時に、歴史研究における**史料**でもある。

一般的に「アーカイヴズ」と言えば、文書の保存・提供を行なっている建物と、その組織の両方を指す。たとえばフランスの場合、「国立文書館」「県立文書館」「コミューン立文書館」〔コミューンは日本の市町村にあたるフランスの基礎自治体〕などが代表である。本書では、一般的に受け入れられており、かつアーカイヴズの提供に関する欧州評議会の勧告でも使われている表記法を採用する。すなわち、小文字のaで文書群〔archives〕を、大文字のAでそれらの保存を担う機関〔Archives〕を、それぞれ表記することとした〔本訳では文脈に応じて、アーカイヴズ、文書群、文書館など適宜の訳語を充てた〕。

文庫クセジュの限られた紙幅で、アーカイヴズの起源、性質、意義、さらにその管理の大原則までを述べなくてはならず、本書の内容はかなり絞り込まざるを得なかった。本書は第一にフランスとフランス語圏の読者を対象としているため、その地理的範囲を中心とした内容になっているが、適宜の国際比較にも努めた。ところで本書は、一九五八年に同じ文庫クセジュの一冊として、当時国立古文書学校を卒業したばかりのジャン・ファヴィエが著わし、その後も半世紀の間、フランス・アーカイヴズ局長〔第一章訳注6を参照〕に就任してからも絶えず改訂を続けていた一書〔ジャン・ファヴィエ『文書館』永尾信之訳、白水社文庫クセジュ、一九七一年〕の後を継ぐものであるが、そのためいっそう本書の執筆は困難なものであった。本書によって、アーカイヴズというものの豊かさ、多様さ、その課題の重要さについて、私なりにうまく伝えられることを願っている。さらには、私の仲間であるアーキヴィストたちの有能さと情熱についても。彼らにこの本を捧げる。

第一章　アーカイヴズの歴史

アーカイヴズとは本質的に、人びとの決定や権利の証拠として保存するために書き記された文書群のことである。それゆえアーカイヴズの誕生は文字の発明と密接に関わっているが、その組織化は、公権力の確立ととりわけ不可分である。そのため、本章が中心的に扱うのは必然的にそれら公的なアーカイヴズの歴史である。

Ⅰ　古代および中世初期

1　メソポタミアの粘土板

こんにち、最古の「アーカイヴズ」として確認されているのは、ウルク（現在のイラク南部ワルカ）および近隣のスーサ、ジェムデト・ナスル、キシュ、ウルの遺跡で発見された紀元前四千年紀の約五五〇〇枚の粘土板である。これらの文書にはいくつかの種類がある。たとえば、産物の送り手または受け手を示した簡素な荷札、数字や人を表わすピクトグラムの書かれた小さな粘土板、多数のセクションに区切られ一覧表として使われた大きな粘土板などである。おそらくそれらの粘土板は、はじめ財物の流通統制に使われていた円筒印章や粘土製の印璽から誕生したのだろう。このように、印章と粘土板は、政治的・経済的実体の成立と結びついている。商業的な文書にとどまらず、文字を使えば政治的な出来事の記憶を書きとどめることも可能であった。たとえば二人のシュメールの君主の間で交わされた平和条約を記念する紀元前三千年紀中葉（紀元前二六〇〇―二三〇〇年）の粘土釘が、こんにち私たちの手元に残されている。

五十年前からエブラ（現在のシリアのテル・マルディフ）で行なわれてきた発掘調査の結果、紀元前三千年紀のものと比定できる一万七〇〇〇枚以上の楔形文字の刻まれた粘土板が掘り出された。それらの大部分は「文書の部屋」の中に収められ、十五枚ごとのグループで三段の書架に縦置きで保存されていた。宮殿の火災と書架の焼失があったにもかかわらず、粘土板は分類された状態のままで残っており、王令・条約、織物・貴金属の引渡し記録、農業調査がそれぞれ区別され、文書の種類ごとに配列されていた。また他のいくつかの部屋でも、食糧品の引渡しに関する粘土板が発見されている。

同じように、一九三〇年以来発掘が行なわれているシリアのマリ遺跡で、紀元前二千年紀の約二万五〇〇〇枚の粘土板が発見されている。大部分がパリのルーヴル美術館に収蔵されているこれらの粘土板は、同じく政治、経済、法律に関する文書を含んでおり、宮殿の日常の営みを窺い知ることができる。ウガリト（現在のシリアのラス・シャムラ）では、紀元前十二世紀の王のアーカイヴズの建物が発掘されている。そこでは、文書群はその性格に対応して、すなわち外交、経済、行政のいずれかによって、それぞれ異なる部屋に保存されていた。ウガリトは国際色豊かな商業都市であったので、発見された粘土板はさまざまな言語や文字で記されている。

以上の諸例は、メソポタミアの諸王国において実質的なアーカイヴズ文化があったことの証拠であると言える。

2 紀元前二千年紀・一千年紀における諸帝国

エジプト文明も、同じく高度に発達したアーカイヴズの制度を持っており、柔軟な支持体であるパピルスの使用が文書生産の隆盛をもたらした。王の文書庫は宰相の直接の管理下に置かれ、かつ図書館とは明確に区別された、きわめて重要なものであった。あらゆる主要な行政機関には文書庫が備えられていた。書くことは専門職である書記に委ねられ、書記たちには大きな特権が与えられたが、代償として、王権・聖権上の厳しい身分統制のもとに置かれていた。

数千枚にのぼる会計に関する粘土板を収めた文書庫はクレタ島の宮殿でも見つかっている。これらの粘土板は生産された文書全体の一部にすぎない。多くの文書は柔らかい支持体（とくに亜麻布）に書かれたため、現在まで残らなかったのである。ペルシア帝国でも、文書庫はキュロス〔二世〕の治世（紀元前六世紀）には同様に存在していた。

エジプトにおいて明らかであったアーカイヴズの宗教的な側面は、神がモーセ（紀元前一二五〇年頃）に、十戒の石板を「契約の箱」に収めるよう命じたことを思い起こせば、より重要性を帯びてくる。その箱はアカシアの木でできており、金の板で覆われ、ソロモン王（紀元前九七〇年〔頃即位〕）によってエルサレム神殿の至聖所に安置されたのであった。

3　ギリシアの都市国家

古代ギリシアでは政治的に独立したさまざまな都市国家が散在していたため、メソポタミア、エジプト、ペルシアのような文書の集中化は起こらなかった。結局のところ、紀元前五世紀末まで、ギリシア文化は本質的に口承文化であった。書き記された文書がしだいに重要性を獲得するようになるのは、アルファベット記法が発明されてからのことである。現在残されているのは石に刻まれた公的な碑文である。パピルスや木板のような柔らかい支持体に書かれた文書も存在したが、こんにちまで残らなかった。アテナイおよび多くの都市国家において、行政官の文書群は、その執務場所すなわち「アルケイオン」に置かれた。これが「アーカイヴズ」の語源であり、アーカイヴズという語が権威や権力《アルケー》と結びついていることは、このことから明らかである。また文書は神殿にも置かれており、宗教的な意味においても不変の価値を持っていたことが分かる。さらに、紀元前四世紀にはアテナイ市の文書群は中央文書庫《メトローン》に集められたが、これは市の評議会《ブーレウテーリオン》が開かれる場所でもあった。「メトローン」の語源（「神々の母」すなわちキュベレーのこと）は、アーカイヴズが政治的および宗教的な二重の価値を持つことの証である。この建物はのちにローマ人たちによって破壊されることになるが、遺構はいまでもアテネの公共広場《アゴラ》で見ることができる。当時、アーカイヴズに関する作業は、熟練した公共奴隷に任されていた。

4　ローマ帝国

早くも紀元前四世紀末には、共和政ローマはサートゥルヌス神殿の低層部分に置かれた「アエラーリウム〔宝物庫〕」（「青銅」を意味する「アエス」に由来する）に、文書を組織的に保存していた。紀元前八三年の火災に続くカピトーリウム〔ローマの七丘の一つ。政治・宗教の中心地〕の再整備にあたって、執政官クウィントゥス・ルターティウス・カトゥルスは紀元前七八年にカピトーリウムの麓、フォルム・ローマーヌムに面した建物に公文書館である「タブラーリウム」を設立した。その遺構は現在でも目にすることができる。タブラーリウムという名前は、書架に収められる書字板（「タブラエ」）に由来する。公的な証書は毎日、厳密な時系列順で分類配架された。共和政末期には、元老院および執政官に法的な効力を与えるのは、タブラーリウムに保存された元老院決議であった。公文書は、当初は監察官《ケンソル》によって管理されていたが、次いでアウグストゥスによって財務官《クワエストル》の管轄に移され、それはティベリウス〔在位一四―三七年〕が三名の「管理官《クーラートーレース》」を設置するまで続いた。ただし、外交文書は別にされて外交担当神官《フェーティアーリス》の管理下に置かれた。また、神祇官《ポンティフェクス》も法的証書の登録を行ない、そのコレクションはつねに宗教的価値も保っていた。

帝国では、行政の拡大によって公文書の保存場所が増加した。ティベリウスは元老院議員からなる委員会に文書の整理を一任し、元老院文書の保存を担う「証書管理官《アブ・アクティース》」の職を新設した。なお、この職に就けるのは財務官の経験者だけであった。こうした積極的な改革の一方、皇帝たちは必要な現用文書についてはみずからと一緒に移動することを望み、こうして悪しき巡回の伝統が正当化された。これは「移動文書庫《スクリーニア・ウィアートーリア》」と呼ばれ、さまざまな役所からの移管文書を収める固定されたアーカイヴズである「固定文書庫《スクリーニア・スタターリア》」とは区別された。

同様の文書庫は属州の州都や大都市にも存在した。また、豊かな一族の個人邸宅にも、「タブリーヌム」と呼ばれる文書部屋が中庭《アートリウム》の周囲に設けられていた。一八七六年にはポンペイで、薄い蠟の層で覆われた木製の書字板がルキウス・カエキリウス・ユークンドゥス〔ポンペイの銀行家〕の家から発見されている。

公的な文書管理は、帝国のあらゆる植民都市に広がっていった。パルミュラでは「文書の家」が私的な契約書類を保存していたが、これは三世紀に破壊されることになる。エジプトでは、不動産所有権に関する証書は決められた機関に納めなければならなかった。証書の認証行為と保存は、このように密接に結びついていたのである。

Ⅱ　中世

1　ゲルマン人の諸王国

五世紀、蛮族〔ここではゲルマン人を指す〕の侵入とローマ帝国の瓦解は、既存のアーカイヴズ制度を損ない、文書類の大規模な破壊をもたらした。西洋において再び文書の存在が確認できるのは二世紀以上あとのことであり、それらはいずれも教会に由来するものであった。とはいえ、古代のアーカイヴズの伝統が途切れてしまうことはなかった。

実際のところ、「蛮族の」諸王国は、ある種の文書については保存の必要があることを理解していた。ユリウス・カエサルは、ヘルウェティイ族〔現在のスイス周辺に居住していたガリア人の一部族〕のもとでギリシア文字の書かれた書字板を見たことを報告している。六世紀には、ネウストリア王のキルペリク一世が、息子たちの死に動揺し、また妻フレデグンドの勧めもあり、徴税記録簿を焼却したということがあった。息子たちの死がみずからの苛斂誅求《かれんちゅうきゅう》に対する罰だと信じたのである。この時代の公文書はこんにち残されていないが、それは存在しなかったということを意味しない。公権力のありようがきわめて不安定であったので、継承されなかったのである。

ともあれ、書く技術とその重要さに対する認識を受けついでいたのは第一に、「文字で書かれた」聖書に基礎を置くキリスト教会の関係者であった。大きな宗教施設はとくに文学テクストの写本を作成し、そのおかげで私たちは古代の偉大な諸作品を知ることができるのだが、それだけでなく寄進や特権といった自分たちに有利な証書についても、証拠としての必要から記録を行なっていた。フランスに現存する最古の証書類は、国立文書館に保存されているメロヴィング期のパピルス（六二五年以降）であり、そのすべてがサン＝ドニ修道院に有利な内容のものである。六世紀の終わりにトゥールのグレゴリウスが『フランク史』を執筆した際には、ランスの教会文書をよりどころにした。文字資料が持つ証拠としての価値は、「真正である」と明記した鑑定ラベルを貼ることで、聖遺物の価値も保証することになる。とはいえ、大きな宗教施設の文書庫がいつでも専用の部屋を持っていたわけではない。文書庫は、宝物や（宝物の一部をなす）聖遺物と一緒に保存されない場合には、しばしば図書室と一体であった。

現在知られている最初の尚書局《シャンセルリ》、すなわち証書の作成と認証に特化した部局は、ローマ帝国の伝統を受けついだローマ教皇庁のもとで発展した。早くも四世紀には、ある種の証書については記録簿の中に写しが作成されるようになった。大グレゴリウス（在位五九〇―六〇四年）や、時代を下ったヨハネス八世（在位八七二―八八二年）の証書が私たちに伝えられているのは、このような後世の写しのおかげである。

2　カロリング帝国

九世紀の「カロリング・ルネサンス」は文書生産の復興を西洋にもたらした。これは、よりすっきりとして読みやすい新たな書体（六〇〇年後に活版印刷が活字フォントを創始する際に直接的に影響を与えることになる、名高い「カロリング小文字体」）の広まりと、修道院における写本制作の工房（「写字室《スクリプトーリア》」）の増加によるところが大きかった。カロリング朝においては、尚書局に古代の諸帝国に匹敵する文書庫が設けられており、公権力による決定や、領地および税に関する文書が収められていた。アインハルト（七七〇頃―八四〇年。カロリング朝に仕えた宮廷学者）が『シャルルマーニュ伝』を執筆する際に活用したことが知られている。

文書の持つ役割が再興したことにより、早くも九世紀には最初期の文書集成《カルテュレール》、つまり証書の写しの集成も登場した。これらは修道院（フルダなど）または司教区の尚書部《シャンセルリ》によって作りだされた。フライジンクでは司教ヒット（在任八一一―八三五年）が、まず聖書の写本を、次いで典礼書を修復させた後、寄進に関する文書の写しを作らせた。この写しの作成は、三つの点で意義があった。つまり、寄進者についての記録を保存し、証書を盗難や逸失から守り、さらに閲覧をより容易にすることができたのである。

カロリング帝国の衰微は、公文書の維持管理の上に現われた。さらにノルマン人による侵略は宮廷を破壊し、そこに保存されていた文書の滅失をもたらした。書かれた証書の凋落はそれだけにとどまらなかった。十世紀と十一世紀の文化は、何かを証しだてする方法として、口述による証言と誓約に、より重きを置いたのである。君主たちは脆弱であり、その取り巻きも知的に凡庸であったので、残された文書がきわめて少ないことは不思議ではない。シャルル禿頭王〔二世〕の三十七年間の治世（八四〇—八七七年）においておよそ四六三通の証書が残っているのに対し、アンリ一世の二十九年間の治世（一〇三一—一〇六〇年）では、王の名のある真正な証書は六十二通しか残っていない。一方、アンリ一世による寄進の事実を記した簡素な「ノティティア」〔三人称で書かれた証書〕はしばしば見つかっており、王は自筆で十字印を付すことで認証を行なっている。

文書群のなかでも、とくに会計に関するものは重要であった。一〇八五年、ウィリアム征服王〔フランス王臣下のノルマンディ公であったが、一〇六六年にイングランドを征服しノルマン朝を開いた〕は、「各地主の土地と家畜の所有状況およびその価値」（『アングロ・サクソン年代記』より）を明確にするために、正しい調査を行なうべく王令を発した。この調査は、こんにちイギリス国立公文書館が所蔵する『ドゥームズデイ・ブック』としてまとめられることになる。

3　古文書庫のヨーロッパ（十三―十四世紀）

十二世紀を通じた西洋世界の立て直しと、十三世紀におけるヨーロッパの強力な諸王国の確立は、「古文書庫《シャルトリエ》」の組織化と発展を促した。公権力の執行者が、みずからの諸権利を裏づける証書をそこに保存したのである。

伝承によれば、フランスにおける中央文書庫の起源は、フレトヴァルの戦い〔イングランド王リチャード一世がフランス王フィリップ二世を破った戦闘〕での敗北（一一九四年七月三日）に遡る。〔同時代の〕歴史家ギヨーム・ル・ブルトンによれば、フランスのフィリップ尊厳王〔二世〕はそこで「すべての国庫会計記録」を失ったらしい。事実、国王尚書局が、受領または発送した証書の原本または写しを正式に保存し始めたのは、まさに一一九四年から一一九九年の間のことであったが、この新たな運用は、王領の拡大が開始された時点とくに一致している。王国における王の権利の根拠となる文書類を、尚書局がより徹底して保存する必要があったのである。王のもとで尚書長を務めた修道士ゲランは、証書原本の保存のみならず、王令の写しを登録簿に保存することを開始した。これが「登録《アンルジストルマン》」の慣習であり、語源的には文書を「登録簿《ルジストル》に加える」ことを意味する。

聖王ルイ〔九世。在位一二二六―一二七〇年〕の治世の最後には、王の「古文書庫」は、サント＝シャペル〔ルイ九世によってパリのシテ島に建てられた王宮附属礼拝堂〕の聖具室の二階、つまり聖遺物と宝飾品を収めた一階の宝物庫のちょうど真上に、王の図書室とともに設けられていた。古文書庫は一七八三年までそこにとどまることになる。〔古文書庫と宝物庫が〕このように近接して置かれていたことから、「文書の宝物庫《トレゾール・デ・シャルト》」という呼び名が生まれた。一三〇〇年または一三〇二年から、尚書局の登録簿も受け入れるようになったが、これは一五六八年まで続き、現在はフランス国立文書館に保存されている。

「文書の宝物庫」は、フィリップ端麗王〔四世。在位一二八五―一三一四年〕とその三人の息子の代に最盛期を迎えた。彼らのものだけで、現在残されている文書全体の三〇パーセントを占めている。この「宝物庫」の目録を作成する必要が生じたのは、この時代のことであった。この任務は王によって、一三〇七年から一三二四年まで「宝物庫」の管理官を務めたピエール・デタンプに任され、彼の後継者たちに引きつがれていった。

続いてフィリップ五世〔在位一三一六―一三二二年〕によって始められた行政機構の再編は、新たな文書庫の設置と、とりわけ王令の登録所の増加をもたらした。つまり、文書を作成した各機関が、みずから保存も行なうようになったのである。パリ高等法院の最初の年代順の登録簿は、一三一六年または一三一七年に開始された。一三二〇年に創設された会計法院もまた、王領に関する王令の体系的な登録制度を急速に発達させた。十四世紀の終わりには、「文書の宝物庫」はすでに完結した歴史的文書群と見なされるようになり、もはや文書の追加は散発的に行なわれるだけになっていた。

「文書の宝物庫」は次第に孤立していき、ついには他ならぬ尚書局との関係も十六世紀には断ち切られることになった。そのためフランソワ一世〔在位一五一五—一五四七年〕は、尚書長を務めたデュプラ、デュ・ブール、ポワイエたちから、「宝物庫」に収めるべく書類を押収しなければならなかった。

フランスで見られた二重の動き、すなわち「古文書庫《シャルトリエ》」の形成と文書の登録制度は、同時代のヨーロッパのすべての大きな君主国でも見られ、さらに大領邦、そしてより小規模な領主領によって模倣されることになる。この動きは尚書局の存在に支えられていたが、そのモデルは、インノケンティウス三世〔在位一一九八—一二一六年〕以来、登録簿の制度を維持していた教皇庁尚書局によって作られたものである。

ジョン欠地王〔在位一一九九—一二一六年〕の治世から発達したイギリスの「巻物記録《ロール》」の制度は、証書をその性格や重要度に応じて、開封勅許状や財政文書といった異なる系列に分けて登録するものであった。シチリアの諸王も同様のことを行なっていたが、一九四三年に起きたナポリの文書館の〔ドイツ軍による〕焼き討ちは、世界で最も優れたアーカイヴズの一つが滅失する結果をもたらした。アラゴン王の文書庫は早くも十三世紀には存在していたことが確認されており、一三一八年にハイメ二世はその集中化を命じた。これが、バルセロナにあるアラゴン王国中央文書館の起源である。サヴォワ伯はイングランド王家との関係から、またおそらくスペインとイタリアからも影響を受けて、十三世紀半ばには城主たちに会計簿の写しを羊皮紙の巻物で作ることを義務づけた。

この動きは同時に、自治権を主張する諸都市にも広がった。都市共同体は、市役所（市庁舎）や鐘楼（これは都市の固有の時間を刻むことを可能にする）だけでなく、文書類（とくに市参事会の議事録簿）を保存する「文書櫃《コフル》」と、証書の認証に使われる「印章《ソー》」によって体現された。都市特権に含まれるこれら二つは、このように直接的にアーカイヴズと関係していたのである。

一方、古文書庫を持たなかった私人は、すでに古代のローマで確立していた「登記《アンシニュアシオン》」の習慣を再び取り入れた。彼らは公権力を持ついずれかの当局のもとで、みずからに関係する証書を作成する。そしてそれを当局の登録簿に加えることで、証書の真正性と公開性が担保されたのである。これに最も積極的であったのは司教たちであり、そのために「教会裁判所判事《オフィシアル》」と呼ばれる専門の代理人を任命していた（早くも一一六五年にはランスに現われる）。北部フランスでは十三世紀以降、証書は都市裁判所において作成された。同時代、パリではプレヴォ〔アンシアン・レジームにおける地方代官〕の監督のもと、証書は登録された。裁治権印章〔裁判所で私人間の契約文書に法的効力を付与する印章〕はフランスにおいて十三世紀を通じて発達し、一二八〇年にフィリップ三世が制度を整えた。

Ⅲ　国家のアーカイヴズ（十六―十八世紀）

アーカイヴズは公権力の行使と必然的に強く結びついていたので、ヨーロッパの諸大国の発展とともに、再び大きな変貌を遂げることになる。これは十六世紀に始まり、ロベール＝アンリ・ボーティエが一九六八年に、アーカイヴズの歴史における「決定的な局面」といみじくも呼んだ時代の幕開けであった。

1　スペインのモデル――シマンカスの文書館

一五〇九年には、神聖ローマ皇帝マクシミリアン〔一世〕はハプスブルク家の文書群をインスブルックに一元化しようと試みたが、果たせなかった。一四八九年、次いで一五一九年に、アラゴンのフェルディナンド〔二世〕とカスティーリャのイサベル〔一世〕の文書群はバリャドリードの尚書局に移管された。最終的には〔神聖ローマ皇帝〕カール五世が、バリャドリード近郊のシマンカスの要塞へ、一五四〇年から文書類を移送し、一五四五年にはカスティーリャ王家の「文書の宝物庫」の移管も行なった。

フェリペ二世の時代には、通例どおりの単なる移送にとどまらない発展と組織化が行なわれた。

一五六一年にアーキヴィストとして任命されたディエゴ・デ・アヤラは、一五六七年と一五六八年に、国王政府のあらゆる機関、すなわち評議会、裁判所、尚書局、宝物庫、秘書局などのすべての書類をシマンカスへ移送し、その中核である元々の所蔵資料に加えるよう、王から命令を受けた。これが最初の国家的な中央文書庫の誕生であり、一五八八年八月二十四日の王令の公布によって具現化された。これは（再びロベール＝アンリ・ボーティエの言葉を借りれば）「近代的なアーカイヴズの最初の制度化」であった。所蔵文書へのアクセスと文書の写しの交付にあたっては、王自身の同意が必要であった。文書類は作成部局に対応して入念に分類され、請求記号と所在情報を記した目録の作成も義務づけられていた。最も貴重な文書の保存のためには頑丈な書架も用意された。アーキヴィストは常駐であり、守衛と使用人の二名によって補佐されていた。

2　ヨーロッパにおける国家アーカイヴズの発展（十七―十八世紀）

スペインの集中化モデルへの追随の仕方は、国によってさまざまであった。フィレンツェでは一五六九年にコジモ・デ・メディチ（一世、トスカーナ大公）が、支配する各国の公証人文書の登録簿を一つの文書庫に集めるよう命じている。イングランドでは、ジェームズ一世が一六一〇年に二人の「文書管理官」（「文書および記録の管理者兼登録者〔keepers and registers of papers and records〕」と呼ばれた）を任命し、これは一六一八年から一六一九年にかけてホワイトホール宮殿内に創設されたステート・ペーパー・オフィスの基礎となる。ただし、イギリスにおけるアーカイヴズがパブリック・レコード・オフィス〔現在のイギリス国立公文書館の前身の一つ。公記録館と訳されることもある〕に実質的に一元化されるのは、十九世紀以降のことである。ローマでは、パウルス五世が教皇庁の文書群をヴァティカン宮へ集めるよう命じている。この文書群は当初は図書館に属するものであったが、一六三五年、ウルバヌス八世により、専門の長官の管轄下に置かれるようになった。一方、他の大きな再編の動きが見られるのは、十八世紀になってからのことである。サルデーニャ王国のカルロ・エマヌエーレ三世は、その文書群をトリノに集め、専用の建物の設計をフィリッポ・ユヴァッラに任せた。この建物は一七三一年から一七三三年にかけてカステッロ広場に面して建設され、現在でも「宮廷文書館（Archivio di Corte）」はここにある。同時期、ロシアではピョートル大帝が大規模な機構改革の一環として二つの中央文書庫を設立した。一七四九年には、オーストリア継承戦争を受けてマリア・テレジアがハプスブルク家の文書群をウィーンへ一元化することに取り組み、一七七三年には、ネーデルラント連邦共和国の主要な文書群を収める中央文書庫がブリュッセルに誕生した。ヴェネツィアでは一七七〇年に国の文書が一元的に管理されるようになった。この動きは引き続いて一七八一年にミラノへ、一七八六年にマントヴァとナポリ王国へ波及する。スコットランドのレジスター・ハウスは一七七四年に設立された。そしてスペインでは一七八一年以降、カルロス三世が海外領土に関する書類をセビリアにある大きな建物に集めさせた。これがインディアス文書館であり、たとえば新大陸の征服の記録などを所蔵している。

フランスのように、この集中化の動きの外にあった国々もある。異なる機関がそれぞれ独自の文書庫を維持していたのである。〔フランスの〕尚書局の最後の王状記録簿の日付は一五六八年となっている。一五八二年には、「文書の宝物庫」の管理業務はパリ高等法院の国王首席検察官の所掌に含められるようになった。十七世紀には、諸侯の数少ない古文書庫が編入される場合にしか「文書の宝物庫」に文書が追加されることはなくなっていた。一方、十六世紀の終わりに「国務卿」職の創設とともに登場した各省は、みずからの管轄に属する文書は手元に残し、十七世紀の終わりには文書の組織化を行なうようになっていた。外務関係の文書群の統合に努めたのは、一六八〇年から一六九六年まで国務卿を務めたシャルル・コルベール・ド・クロワシーである。財務総監兼宮内卿であった兄のジャン＝バティストのやり方を踏襲し、自身および前任者たちの書簡を製本させたのである。一七六一年にはショワズール〔ルイ十五世の治世後期の実質的な宰相〕がヴェルサイユに文書保存のための専用書庫を建設した。陸軍と海軍の文書庫は、それぞれ一六八八年と一六九九年に国務卿ルーヴォワとポンシャルトランの献策により誕生した。一七〇三年と一七〇八年の間には、財務総監府のアーカイヴズが組織された。フランス革命の勃発時点で、パリには四〇〇ものさまざまな文書庫が存在していた。

3　アーカイヴズ学の誕生

集中化の動きに加え、この時代にはアーカイヴズの管理に関する諸原則の発達が見られた。この時期以降、文書群は領土に結びついたもの、つまり主権が移る際、その領土とともに転属すべきものとして見なされるようになった。この原則は二十世紀にいたっても有効であり、一例を挙げると、第二次世界大戦後、フランスはイタリアに対して一八六〇年以降フランス領となっていたサヴォワ地方に関する文書群の返還を求めた。ここではアーキヴィストが重要な役割を担うことになる。ルイ十四世は、みずからの併合政策の遂行のために、文書庫の中にある「証拠」を利用したのであった。

アーカイヴズ資料の編成〔受け入れた文書群を物理的かつ知的に整理する作業。詳細は第三章Ⅳの1を参照〕にあたっては、二つの主要な方法があった。中欧、東欧および北欧はドイツの範にならい、「登録簿《レギストラトゥーア》」の制度を取り入れた。これは、同じ案件に関係する文書であれば、その性格（審査書類、判決など）にかかわらず時系列順にまとめて（文書の散逸を防ぐために）簿冊へ綴じこむという方式であり、さまざまに異なった関係文書を単一の編成法で整理するものである。この方式は、何よりもまず事務作業の簡便化のために考案された。対照的に、西欧と南欧は文書の性格に応じた編成を重視し、文書は内容や管轄地域ごとに下位分類された。これはとくにヴァティカンやフランスの各省の文書群で確認することができる。この処理方式は「文書形式学《ディプロマティーク》」に負うところが大きい。この「証書に関する科学」は、文書の内的特徴（形式）および外的特徴（支持体、認証の署名）の吟味によって適切な分類を明らかにしようとするものであり、その基礎はフランスでジャン・マビヨンの一六八一年の著書『文書の形式について』〔ジャン・マビヨン『ヨーロッパ中世古文書学』宮松浩憲訳、九州大学出版会、二〇〇〇年〕によって打ち立てられた。

十八世紀には、文書を見つけるための最良の方法を求めて、多くの理論書が文書形式学の原理を発展させた。シュヴリエールが各文書群の内部で厳密な時系列順による配列を推奨する（『新しいアーキヴィスト』一七七五年）一方、ル・モワーヌは『百科全書』が他の諸分野で推し進めた原則を採用し、系統立った編成を勧めた（『実践的文書形式学』一七六五年）。イタリアでは、ミラノの文書館を管理していたイラーリオ・コルテ（一七八六年没）が、体系的に書類群を構成するために異なる出所の文書を混在させることをためらわなかったが、この方針は、別の方法に基づくあらゆる文書検索を非常に難しくする結果となった。

この時代以降、文書は見つけやすいよう通し番号（一、二、三…）、さらにはアルファベット（A、B、C…、AB、AC、AD…）を付された綴りに入れ込まれ、文書箱や書架にグループ分けされるようになった。文書箱や書架は、さまざまな方法（たとえば〔旧約聖書の〕預言者の名前をつけるなど）で識別された。

十七世紀以降ヨーロッパ全体にわたって、とくに、ベネディクト会に属するサン＝モール修族（一六二一年創立）によって代表される考証的歴史学の動きがあり、それまではもっぱら行政的ないし法的な点で意義を認められていたアーカイヴズに、新たな関心が寄せられることになった。サント＝マルト兄弟の指揮のもと一六五六年に刊行された『キリスト教のガリア《ガリア・クリスティアーナ》』は、フランスのすべての司教と修道院長の略歴を掲載しており、記述の根拠とした「証拠」を各巻の終わりに付している。二人のサン＝モール修族の修道士、クロード・ドゥヴィック師とジョゼフ・ヴェセート師は、五巻本の『ラングドック全史』を刊行するために、一七三〇年から一七四五年にかけて広範囲にわたる綿密な調査を行なった。ルノワール師は、ノルマンディの歴史を執筆するために同様のことを行なった。また、イエズス会士クロード＝フランソワ・メネストリエ（『リヨンの市民と執政官の歴史』一六九六年）、コルベールの司書としてキャリアを開始したエティエンヌ・バリューズ（『オーヴェルニュ家の系譜』一七〇八年）、ヴァルボネ侯爵（『ドーフィネ史』一七二二年）、イタリアではモデナ公のアーキヴィスト兼司書であった碩学ルドヴィコ・アントニオ・ムラトーリといった人びとが依拠したのも、同様にアーカイヴズであった。

とはいえ、歴史の記憶の自然な保存場所として見なされていたのは、いまだ図書館であった。国王図書館（現在のフランス国立図書館の源流）はコルベールの手稿コレクションを、次いで十八世紀にはバリューズやフォンタニウの手稿や証書コレクションを受け入れた。そして一七九〇年には、国王修史官であった弁護士ジャコブ＝ニコラ・モローが証書の写しを集成するために一七六二年から構築していた「証書庫《キャビネ・デ・シャルト》」のコレクションを受け入れた。

アーカイヴズ学の方法論は、主としてアーキヴィストたち自身の移動によって広まっていった。『実践的文書形式学』の著者であるピエール＝カミーユ・ル・モワーヌはこうして順次、トゥール〔Toul〕、トゥール〔Tours〕、リヨンの教会文書の編成を進めていった。ル・モワーヌは、より広くは「封建法学者《フディスト》」の伝統に属する。封建法学者とは領主文書に特化した法律家であり、十八世紀の終わりに領主たちがみずからの権利の確認と回復のために頼った存在であった。一面においてアーカイヴズの活用に立脚していたこの「領主反動」の動きは、結果的にフランス革命に寄与した可能性があり、「封建的権利証書」に対する革命家たちの激しい攻撃の原因となったことは間違いない。

Ⅳ　フランス革命の所産

長年の一般的な理解では、フランス革命によってアーカイヴズの歴史に実質的な断絶がもたらされ、続くナポレオン一世の時代にはヨーロッパの全アーカイヴズをパリに集結させる試みがなされた、とされてきた。この見方にはその後、大いに疑義が呈されることになる。ロベール＝アンリ・ボーティエは「十八世紀と大革命の間、さらにナポレオンの帝国との間にさえ、断絶はない。実際、一七八九年の前後で、アーカイヴズに関する考え方はまったく同じであった」と述べている。大革命と〔ナポレオン〕帝国におけるアーカイヴズに関わる施策は、どちらもアンシアン・レジームの「アルシヴェール〔archivaire（アーキヴィストの古名）〕」と封建法学者の教えと経験をよりどころとしていたのである。とはいえ、フランス国立文書館の創設と、そのための特別な法律の制定は、アーカイヴズというものに対する認識とアーカイヴズの役割を深く変容させることになった。

1　革命期の法整備

一七八九年七月二十九日、国民議会の議員たちは「国民議会の活動に関係するあらゆる文書の原本を収めるための文書庫として安全な場所を選定する」ことを決定し、これらの文書は議員の一人でパリの第三身分代表であった弁護士アルマン＝ガストン・カミュに委ねられた。一年後、一七九〇年九月七日の命令によって、これは「国立文書館《アルシーヴ・ナシオナル》」と名づけられ、もっぱら「王国の政体、公法および県の権限を定めたあらゆる証書類の保管」を担うものとされた。

一方、撤廃されたアンシアン・レジームの諸機関については、大量の資料群からなるそれらの文書にはどのような運命が待ち受けていたのだろうか。最初の段階では、きわめて慎重な立法措置がとられた。聖職者からの財産没収（一七八九年十一月二日）の数日後に出された命令では、そこに含まれる文書については保存措置をとるよう勧告していたのである。同様の慎重さは、亡命貴族《エミグレ》、そして有罪宣告《コンダネ》を受けた人びとの所有文書に対しても見られた。というのも、没収財産の競売にあたっては、それらの権利証が保存されていることと、目録が作成されていることが不可欠であったからである。しかし、革命政府が逆境に陥っていくにつれ、革命期の施策全体と同様に、アーカイヴズに関する措置も硬化していった。一七九三年一月五日の法律は、火薬袋の作製に使える大きさに達しているすべての羊皮紙製の王令、証書および文書類を兵器庫へ移送することを命じ、砲兵隊および海軍の役務としてそれらの選別を行なうことを認めたが、これは第一に経済的な理由による措置であった。一方、一七九三年七月十七日の政令は、領主制的賦課租および封建的諸権利に関するすべての権利証書を、「コミューンの議会および市民の立ち合いのもと」焼却するため各コミューンの役場の記録保存所に移すことを義務づけた。これは、一七九三年七月十三日のマラーの暗殺を受けて、共和国に対するあらゆる敵への対抗措置としてとられた一連の施策の一環をなすものであった。当時フランス全土において、封建的権利証書をめぐる騒乱に加えて大きなデモが組織されたが、これは革命の理想を再びかき立てることとなった。この「アーカイヴズの恐怖政治」は、地域ごとに大きな差があったためその影響を正確に見積もることはいまだに困難であるが、それでもやはり、文書群の著しい逸失をもたらすことになった。

封建的権利証書の破棄は、アンシアン・レジームの諸機関によって放棄された建物に袋詰めや束になった文書が山積みされている問題を解決することにはならなかった。それらの行く末に最終的な決着をつけるため、**革命暦二年収穫月《メシドール》七日の法律**（一七九四年六月二十五日）が制定されることになる。革命政府によるアーカイヴズ関連立法としては最後のものであるこの法律〔一九七九年にようやく廃止されることになる〕は、妥協の産物であった。この法律は、先年来の破棄をさらに後押しすると同時に、一方では、古い文書、とくに歴史研究において重要な文書の集中的な保存と、アーカイヴズへの自由なアクセスを初めて想定するものであった。この一七九四年夏には、恐怖政治に終止符が打たれると同時に、文芸や学術に益するその他の重要な諸施策が行なわれたが、そのような〔過渡期の〕両義的な性格をこの法律も帯びていたのである。「純粋に封建的な権利証書」と、一七九〇年以降に落札された国有財産の権利証は無効とされた。加えて、「歴史研究、科学および芸術に属する、または教育上有益たりうる、証書および手稿」は、郡の〔文書館ではなく〕図書館〔パリにおいては国立図書館〕へ納められることになった。その他の文書は、財産、司法、行政の三つのグループに分けられた。この法律の多くの条文は「選別」の措置に関するものであったが、第三十七条では、アーカイヴズは公共のものであると規定され、「いかなる市民もすべての文書庫において、所蔵されている文書を所定の日時に閲覧することを要求することができる。これは料金の発生および移動の必要なしに、かつ適切な監督のもとに行なわれる」と明記されていた。

この収穫月《メシドール》の法律は文書群の中央政府への一元化を定めていたが、それは実現不可能なものであった。廃止された〔アンシアン・レジームの〕州裁判所の文書と、〔革命によって没収された〕財産に関する証書は、すでに各郡の文書庫に集められていたのである。郡の文書庫が廃止された際、**革命暦五年**

霧月《ブリュメール》五日の法律（一七九六年十月二十六日）は、それらを県庁所在地に集めるよう規定したが、これが将来の「県立文書館」の実質的な創設であった。もっとも、これらの〔アーカイヴズ〕機関は革命暦八年に県知事配下の事務総長の管轄に置かれたものの、真に組織化されたのは十九世紀半ばのことである。

2 フランス国立文書館の発展

パリでは〔文書の〕選別作業は、国民公会の直接の権限下に置かれた、九名の委員からなる「臨時権利証書局」に任されていたが、一七九六年、カミュが直接に指揮する「選別事務局」が引きつぐことになった。しかし、作業量の多さに加え、従来、文書の保存に腐心していた〔アンシアン・レジームの〕法服貴族や聖職者から選ばれたアーキヴィストたちが仕事に積極的でなかったことから、歴史文書の国立図書館への移管は捗らなかった。統領政府〔一七九九―一八〇四年〕が成立した時点でも事情は変わっていなかったが、統領政府は公行政の新たな再編に着手した。山積する文書のため、もはや国立文書館だけでは議会のアーカイヴズとして立ちゆかなくなっていたのである。そのため、革命暦八年草月《プレリアル》八日の命令（一八〇〇年五月二十八日）は、国立文書館を立法院から分離し、独立した一つの機関として組織した。そのトップには、第一統領〔ナポレオン〕の命令により、終身の国立文書館監督官としてカミュが据えられ、一八〇四年の死に至るまでその職にあった。

いまだに分散していたこれらの文書類を一つの施設に集める機会を与えられたのは、カミュの後任のドヌーであった。一八〇八年、ナポレオンは〔パリの〕マレ地区にあるスービーズ館を国立文書館に割りあてた。同じ街区のロアン館には国立印刷局が置かれていた。しかし、皇帝にはより遠大な目論見があった。帝国に統合されたすべての国家の文書群をパリに集結させるつもりだったのである。一八一〇年以降、ドイツ、オーストリア、スペイン、イタリアから文書を満載した箱が続々とパリに到着した。スービーズ館は、それらを収容するのに十分ではなかった。建築家ジャック・セルリエはシャン・ド・マルス〔パリ西部にある野原。十八世紀半ばに陸軍士官学校が置かれ練兵場として使われた〕に新古典主義様式の広壮な「文書宮《パレ・デ・ザルシーヴ》」を構想し、その最初の礎石は一八一二年八月十五日に置かれたが、この計画が日の目を見ることはなかった。帝国の瓦解後、パリに集められていた文書は、少しずつ元の国へ返却されていった。なお、スペインがシマンカスから接収されていた文書群を取り戻したのは、ようやく一九四一年になってからのことである。

V　歴史研究のためのアーカイヴズ

ミシェル・デュシャンは「大革命とナポレオン戦争は、多かれ少なかれアンシアン・レジームの行政機構を破壊した。廃止された諸組織の文書群は〔中略〕すでに存在しない機関の活動の結果として作成されたものなので、直接的な実際上の有用性を失った。結果として、それらの歴史的な意義が〔代わって〕前面に出てくることになった」と述べている。事実、十九世紀は考証家と歴史家がアーカイヴズを手中に収めた時代であった。

1　「アーキヴィスト＝歴史家」というモデル

フランスでは、七月王政〔一八三〇―一八四八年〕がとりわけ歴史に関心を注いだが、それは革命による分断ののちにフランス人同士を和解させる動きの中でのことであり、この動きは第二帝政〔一八五二―一八七〇年〕にも引き継がれることになる。歴史を記述することによって、国家の物語の連続性を明らかに示すことができたのである（たとえば、ブーヴィーヌの人民の助けを借りたフィリップ尊厳王[1]、都市住民《ブルジョワ》とともに統治したルイ十一世[2]、一八一五年の国境を自然国境として定めていたリシュリュー[3]のように）。一八三二年に公教育大臣に任命されたフランソワ・ギゾーは、この観点からアーカイヴズ文書の活用に意を注いだ。二人の傑出した人物が、国立文書館の部門長に任命された。ジョアンヴィル〔一二二四頃―一三一七年。『聖王ルイの生涯』の著者〕の著作の編纂と省庁からの移管文書を担当していたナタリス・ド・ヴァイイと、「歴史部」の長に就任したジュール・ミシュレである。一八三九年、ギゾーは全国の県会〔conseil général、現在の県議会（conseil départemental）にあたる〕に対し、古文書学校《エコール・デ・シャルト》の卒業生からアーキヴィストを採用するよう勧告した。古文書学校は一八二一年に、アンシアン・レジーム期の偉大な考証的伝統を取り戻すために創立され、王立図書館および文書館総監督官の管轄下に置かれていた。一八五〇年には、県立文書館のアーキヴィストのポストはシャルティスト〔古文書学校出身者の通称〕であることが必須となった。シャルティストたちはまた、一八八七年には国立文書館の保存官《コンセルヴァトゥール》(4)のポストも独占するようになる。

実際にシャルティストたちは、革命期に収集されてからほとんど打ち捨てられていたアンシアン・レジームの文書の編成と目録作成を行なうことのできる唯一の存在であった。この作業は、古書体学とアンシアン・レジームの諸制度に精通した専門家でなければ不可能であるが、大学にさえ原文書を活用できる専門家はまだいなかったのである。文学部が歴史学教育を本格的に始めるのは一八八〇年代のことであり、中世史講座がソルボンヌに置かれたのは、ようやく一八八三年になってからのことである。

そういうわけでアーキヴィストたちは、誰も活用することのできないそうした文書を世に知らしめるために、みずからが史料に取り組み、校訂版のテクスト、歴史事典、さらには学術記事や著作を出版するしかなかった。こうして、彼らは考証的な（ときに歴史学的な）活動を展開したのだが、それは時代の要請に深く応えるものであった。一八五〇年から一九三〇年までの時期は、〔古文書の〕目録作成と編集出版が支配的だったのである。県立文書館のアーキヴィストの「典型像」は、たとえば古文書の目録を作成し、中世の文書を仔細に調査し、考証的な企画〔地名事典の編纂など〕に参加し、地元の歴史学会を創設・主宰し、文書史料を出版し、ときには歴史書をものす碩学、というものであった。文書群の整理と編成に関する一八四一年四月二十四日の〔内務省の〕通達は、県立文書館における基本分類表〔第二章Iの4を参照〕を定めたが、これは現在でもなお用いられている。一八五四年には、内務省はすべての県のための統一的なモデルに基づく、概要目録の新たな一般分類表を定めた。(5)同様に、帝国文書館〔第二帝政期の国立文書館の呼称〕は、館長のラボルド侯爵〔在任一八五七―一八六八年〕によって歴史研究機関としての方向づけがなされ、統一的な規則によって各文書を要約した目録類の作成が推奨された。そして、一八九七年二月二十三日の政令は、すべての県立文書館、コミューン立文書館および病院文書館を国立文書館総監督官〔館長に相当〕の管轄下に置き、〔新設された〕アーカイヴズ局長(6)には、全国に対して統一的な政策を実施する権限を与えた。

しかし両大戦間期になると、シャルティストたちが申し分なく体現し、シャルル＝ヴィクトル・ラングロワ〔後年のフランス・アーカイヴズ局長〕とシャルル・セニョボスの一八九八年の著作『歴史学研究入門』に象徴されていた、こうした実証主義歴史学の方法論は、リュシアン・フェーヴルとマルク・ブロックが『経済・社会史年報《アナール》』を創刊して原則を確立した「新しい」歴史学によって批判されることになる。問題意識の刷新、時系列的な調査とその総合の重視〔アナール学派の統計的方法論を指す〕に加え、研究における専門分化の進行、書誌の爆発的増加と国際化は、アーキヴィストの地位を危うくするものであった。

歴史学の言説においては、方法論だけでなくアーカイヴズ文書の地位そのものが次第に問題とされるようになった。アナール学派の創始者たちは、史料について疑問や仮定を投げかけることを重視したのである。「歴史研究はたしかに、書き記された文書に基づいて行なわれる。もし文書があれば、の話である。しかしまた、文書がなければ、なしで済ますこともできるし、そうしなければならない」とリュシアン・フェーヴルは書いている。

2 ヨーロッパ各国の主要文書館の開設

フランスで始まった動きは、ヨーロッパ全土の動向と軌を一にするものであった。ルイ＝プロスペル・ガシャールは、独立ベルギーの最初の文書館長として、一八三一年から死去する一八八五年まで王立中央文書館を指揮した。彼は研究面での顕著な業績（史料や歴史研究書の刊行）に加え、詳細な要約つきの多くの目録を作成した。彼はまた、アカデミーのメンバーかつ王立歴史委員会の書記であったので、半世紀以上にわたって〔ベルギーの〕歴史研究の枢要な地位を占めることになった。スペインでは、一八八四年四月二十日の王令によって、シマンカスに保存されている十七世紀末以前の文書を学者（personas estudiosas）が閲覧することが認められた。これは、この城が真にアーカイヴズ機関と呼べるものへと変貌を遂げた、新たな一歩であった。イギリスでは、さまざまな行政機関に分散していた文書群の状況改善のため、パブリック・レコード・オフィスが一八三八年に設置された。当初この計画は、大英博物館へ納められる歴史文書（ステート・ペーパーズ）と、アーカイヴズ機関へ納められる現用文書（レコーズ）を区別していたが、初代館長のフランシス・パルグレイヴ卿は、すべての公文書の受入に成功した。ただし、パブリック・レコード・オフィスが研究目的のために門戸を開くのはようやく一八六六年になってからのことである。

ヨーロッパにおけるこうした文書館の広汎な自由化の流れのなかでも、教皇庁の文書館であるヴァティカン秘密文書館が公開されたことは画期的な出来事であった。これは、教皇レオ十三世の選出と、ドイツの碩学でのちには枢機卿を務めることになるヨーゼフ・ヘルゲンレーターの文書館長への就任によって可能となったものである。すでに一八七九年以降、個別に閲覧許可を出すことは増えてきていたが、一八八四年五月一日の自発教令《モートゥー・プロプリオー》〔教皇がみずから発する教令〕によって、研究者の作業条件が定められ、公開が承認されたのであった。教皇にとって、文書館の公開は、歴史科学の領域におけるカトリック側からの巻き返し戦略の一環だったのである。

並行して、アーキヴィストの養成のための専門機関が誕生した。早くも一八一一年にはナポリで文書学校が、一八二一年（パリの古文書学校の創立と同年）にはバイエルンで文書学校が、一八二六年にはトリノで古書体・公文書学校が、それぞれ設立されている。この動きはまずイタリア全土に、次いでオーストリア（ウィーンのオーストリア歴史研究所、一八五四年）とスペイン（マドリードの古文書学校、一八五六年）に広がった。そして一八八四年には、レオ十三世の自発教令によって教皇庁古書体学校が設立されることになる。

VI　万人のためのアーカイヴズ――二十世紀後半の展開

1　新たな戦略

フランスおよび諸外国において、アーカイヴズ機関の戦略には三つの大きな進展が見られた。〔第一に〕文書の収集と編成の方針においては、より最近の文書群が優先されるようになった。これには次のような多くの理由がある。一九三〇年代以降、歴史学の方法論の新たな潮流が、次第に同時代史への関心を強めるようになっていったこと。十九世紀より前の文書をほとんど持たないアメリカのアーカイヴズ学の影響力が徐々に強まってきたこと。同時代の文書の膨大さに意識が向けられるようになったこと。〔アーカイヴズ機関に対する〕行政評価への配慮。そして、古い資料群はすでにその大部分が（詳細にではないにせよ）大まかに目録化が済んでいたため、新たな作業領域に向かう必要があったこと、である。

〔第二に〕フランスでは、一九三六年七月十日の政令により、有用性のなくなった文書ファイルを行政各機関からアーカイヴズ機関へ移管することが義務づけられた。また、ドイツと同様に、早くも二十世紀初頭において、企業アーカイヴズへの新たな関心が生まれた。経済アーカイヴズに関する初の会議は一九一三年にケルンで開かれており、フランスでは一九三〇年頃に初の〔企業文書の〕収集が行なわれている。一九七〇年代以降は、文書を作成した組織自身の中で文書管理が行なわれるようになっていった。これが「レコード・マネジメント」〔第三章Ⅱを参照〕の広まりである。

〔第三に〕二十世紀の最後の数十年、主として家系調査の広まりにより文書館の利用者数は指数関数的に増加し、フランスでは一九七〇年から一九八六年にかけて三倍になった。利用者のうち研究者と非研究者の比率は完全に逆転した。文書館は、学術的な歴史研究の場であるだけではなくなったのである。こうした利用の多様化は二十一世紀初頭にも続いたが、オンライン公開される文書の増加は、「物理的な」来館を大幅に減少させ、「仮想的な」来館〔第三章Ⅴを参照〕を容易にすることになった。

今やアーカイヴズ機関は閲覧室の中にとどまらず、文化の大衆化に努め、より多くの利用者に働きかけようとしており、そのために、展示、集い、上演、文書資料講座といった新たな活動を展開している。こんにちの議論において、記憶をめぐる問題は〔一部の人びとから指摘されている歴史の政治利用の危険性とともに〕ますます重要になってきており、アーカイヴズの社会的役割に対する意識は高まっている。

2　フランスにおけるアーカイヴズ部門の展開

第二次世界大戦の暴力からは、アーカイヴズも逃れることはできなかった。爆撃された文書庫もあり（ロワレ県とマンシュ県の文書館）、また多くの資料群が占領軍により接収され持ち去られた（たとえば「モスクワ文書」など。これは警察、陸軍および情報機関の文書群であったが、ドイツに運ばれ、一九四五年にソヴィエト軍に押収されたのち、一九九四年にようやくフランスへの返還が始まった）。パリ解放（一九四四年八月）の直後から、国立文書館は占領時代の臨時組織（ユダヤ人問題総合委員会など）の書類を取り戻すべく急いだ。これらの書類はのちに、略奪被害者への補償事業に際して役立つことになる。アーカイヴズはまた非植民地化の時期にも再び政治的な争点として大きく立ちあらわれてきた。新しく独立した国々が植民地の旧保有国に対し、みずからに関係する文書群の所有権を主張したためである。

一九四八年から一九五九年までフランス・アーカイヴズ局長を務めたシャルル・ブレバンの果たした役割は決定的であった。ブレバンは一九四九年から定期的に県立文書館長会議を主宰した。国立文書館においては、経済アーカイヴズ、私文書、マイクロフィルムの専門部署を創設し、また各省庁における「文書専門派遣職員《ミシオン》」（国立文書館から特定の省庁へ派遣され行政文書管理や国立文書館への移管を担う専門職員）の制度を開始して文書作成の現場に（アーキヴィストが）関与できるようにした。（文書）修復のための工房もまた拡張された。全国の県立文書館においては、毎年、どこかで新たな建物が落成し、また所蔵文書を紹介する各種の「ガイド」も発行された。

一九五九年、フランス・アーカイヴズ局は新設された文化省の管轄下に入った。ブレバンの後任としてアカデミー・フランセーズ会員のアンドレ・シャンソン（一九五九―一九七一年〔フランス・アーカイヴズ局長在任〕）が、国立文書館の〔二つの〕新館の開設に尽力した。すなわち、旧植民地から引きあげられた文書群はエクサンプロヴァンスの新大学キャンパス近くに集められ（海外アーカイヴズ・センター〔現在の国立海外文書館〕、一九六六年）、各省庁の現用文書と半現用文書〔第三章Ⅱの1を参照〕は北大西洋条約機構（ＮＡＴＯ）〔の中央欧州連合軍本部〕が置かれていたフォンテーヌブローの建物に集められた（省庁間アーカイヴズ地区、一九六九年）。

中世史学者のジャン・ファヴィエ（一九七五―一九九四年〔フランス・アーカイヴズ局長在任〕）は、国立文書館の拡張事業を引き継ぎ（パリの閲覧研究センター、一九八八年）、研究のための公開に意を注ぎ（『国立文書館所蔵資料群総覧』の刊行）、アーカイヴズに関する一九七九年一月三日の法律の成立を勝ちとった。この法律は諸外国の法整備にも影響を与えることになる。ファヴィエはまた産業再編の流れの中で、「栄光の三十年間」〔第二次世界大戦後のフランスの経済成長期〕の終わりにあたって活発になった公共部門による企業文書の収集の動き（たとえばマニュフランス社〔フランス初の通販会社〕の文書はロワール県立文書館が所蔵している）についても支援を行なった。一九九三年にはルーべにある十九世紀の旧綿糸工場に労働界アーカイヴズ・センターが開館した。当初から将来的により大きなネットワークになることが予定されていたこの機関は、二〇〇六年に国立労働界文書館となった。現在、国にとって、また北部フランス地域にとって重要な、書架長四十六キロメートルに及ぶ企業資料群を所蔵している。

一方、大企業もみずからの文書をきちんと保存しておくことの重要性に気づくようになった。サン＝ゴバン〔フランスの大手材料メーカー〕は早くも一九七四年に専門部署を設け、次いで銀行（クレディ・リヨネ）やその他の製造業（トタル〔フランス最大の石油会社〕）、そして各種の団体もこれに続いた。リヨンでは一九八二年以降、マリユス＝ベルリエ自動車財団が、リヨン地域の自動車史およびフランスの産業車両史全般に関わる文書遺産を保護している。一九八三年にはミュルーズにラン地域文書館・経済研究センター（CERARE）が設立された(7)。二〇〇九年に同センターが解体されたあと、すべての資料群はミュルーズ市立文書館に保存されている。一九八五年、クルーゾ＝ロワールの元従業員たちは、一八三七年にル・クルーゾ（ソーヌ＝エ＝ロワール県）に創業されたシュネデール・グループの文書群の保護のため、フランソワ・ブルドン・アカデミーを設立した(8)。こんにちでは、ほぼすべての大企業は独自にアーカイヴズ部署を設けており、ポータルサイト「フランスアルシーヴ〔第三章Ⅳの3を参照〕」で公開されているフランスのアーカイヴズ機関一覧には十八の企業が記載されている。

こうした動きは、民間の文書保存会社の発展を伴った（フランスにおける最古の文書保存会社の設立は一九六四年である）。これは、企業のような経営主体が、みずからの「本分」ではないあらゆる業務を下請けに委ねることが、次第に広く行なわれるようになっていったためである。

フランス・アーカイヴズ局は、地方分権に関する一九八三年七月二十二日の法律が一九八六年一月一日に施行されたことを受け、真の動揺を経験した。この法律は県立文書館を（フランス・アーカイヴズ局から）県会の管轄に移したのである。もっとも、県立文書館長および特定の研究職は（とくに統制業務を行なうために）[9]引き続き国家公務員にとどまり、また文化省は大きな事業に対して（とりわけ建設工事の面で）財政支援をしていた。ジャン・ファヴィエの退任は、フランスにおけるアーカイヴズをめぐる状況について再考を迫る新たな時期の幕開けとなった。同時代の文書群へのより迅速なアクセスに対する社会的要請（ソニア・コンブの著書『禁じられたアーカイヴズ――現代史に直面するフランスの不安』〔一九九四年〕に象徴されるような）に加え、国立文書館の〔書庫の〕飽和と建物の老朽化という事情があり、さらに政治関係の文書の収集にあたっては、民間機関（シャルル・ド・ゴール財団、フランソワ・ミッテラン研究所）や、一九七一年に国立政治学財団のもとに組織された「現代史アーカイヴズ」と競合しなければならないという困難があったのである。

ギイ・ブレバンによる報告書（『フランスのアーカイヴズ』一九九六年）と、フランス・アーカイヴズ局長フィリップ・ベラヴァルによる報告書（『国立文書館の現状と将来』一九九九年）は、実施すべきいくつかの解決策を提案していた。しかし、政治による裁定を勝ちえることができたのは、二〇〇一年にフランス系図学連盟の後援によってアーキヴィストと歴史家の団体である「国立文書館協会《シテ》」（歴史家のルネ・レモン、ジョルジェット・エルジェ、アネット・ヴィヴィオルカ、アーキヴィストのイザベル・ヌシュヴァンデルの主導による）が結成されたことと、新しくフランス・アーカイヴズ局長に就任したマルティーヌ・ド・ボワデッフル（二〇〇一―二〇一〇年在任）が決然とした行動をとったことによる。共和国大統領ジャック・シラクは、国立文書館の新たな用地としてセーヌ＝サン＝ドニ県のピエルフィット＝シュル＝セーヌの開発に乗り出した。建築家マッシミリアーノ・フクサスの設計による建物は、アメリカ合衆国の国立公文書館（ＮＡＲＡ）に続いて世界で二番目に大きなアーカイヴズ・センターである。二〇一三年に竣工したピエルフィット＝シュル＝セーヌ館は、それまでパリとフォンテーヌブローに分散していたフランス革命以降のすべての文書群を所蔵している。その開館は、〔アーカイヴズの〕業務実践について深く問いなおす契機にもなった。また、二〇〇七年に国立文書館の各拠点は、国レベルの権限を持つ三機関、すなわち狭義の「国立文書館」（パリ、フォンテーヌブロー、ピエルフィット）、エクサンプロヴァンスの国立海外文書館、そしてルーベにある国立労働界文書館に再編成されたが、これは、国防省がその旧アーカイヴズ部門（陸軍、空軍、海軍、憲兵隊）を国防史料館に統合した管理方式などを参考にしている。

そして、一九七九年法は二〇〇四年に文化遺産法典に統合されたのち、二〇〇八年に大きく内容が現代化された。フランス・アーカイヴズ局による中央管理は、これ以降、フランス省庁間アーカイヴズ部〔本章訳注6を参照〕に引き継がれた。同局は引き続き、公的〔アーカイヴズ〕機関間の調整において重要な役割を果たすとともに、二〇一二年に首相の膝元に設置されたフランス省庁間アーカイヴズ委員会の事務局を担っている。

3　国際協力の発展

現代社会の他の諸分野と同じく、アーカイヴズの世界でも国際協力が進んだ。早くも一九三一年には国際連盟の庇護のもと、アーカイヴズに関する常設の委員会が国際知的協力委員会によって設立され、一九四八年六月九日にはユネスコによる非政府組織の育成事業の一環として、**国際アーカイヴズ評議会**（ＩＣＡ）が創設された。初代の会長はフランス・アーカイヴズ局長のシャルル・サマランであり、本部はパリのフランス国立文書館に置かれた。早くも一九五〇年には第一回の国際アーカイヴズ会議が開催され、それ以降現在に至るまで、これは定期的に（四年に一度）開かれている。冷戦中、国際アーカイヴズ評議会の最大の関心事は、あらゆる政治的思惑を超えて研究目的のためにアーカイヴズを開放することであった。この歩みは、二〇〇〇年に採択されたアーカイヴズへのアクセスに関する欧州評議会の勧告に結実することになる。国際アーカイヴズ評議会はまた、分割され四散してしまったアーカイヴズ資料群の再構成を可能にするマイクロフィルム化の政策を支援している。非植民地化の大きな流れの中で、国際アーカイヴズ評議会は、独立を勝ちとった諸国や新興国で、アーカイヴズの実践に関して実効的な政策が確立されるよう奨励してきた（アーカイヴズの発展のための会議、一九七〇年）。一九七九年には、国際アーカイヴズ評議会は一連の基礎的な研究報告（『記録・アーカイヴズ管理プログラム』、通称ＲＡＭＰ）の刊行を開始した〔現在、これらのうち約一〇〇タイトルは入手可能である〕。一九九〇年代初頭、国際アーカイヴズ評議会はまた〔アーカイヴズの〕実務内容の明確化と均質化〔これは〔データ等の〕交換のために必須である〕を目指し、職務の標準化の大きな動きに加わった。一九九四年には最初の「国際アーカイヴズ記述一般標準（ＩＳＡＤ（Ｇ））」が策定され、さらにアーカイヴズの作成者、機能、[10]機関の記述に関する各標準も順次、これに続いた〔これらの標準については第三章Ⅳの2を参照〕。そして一九九六年には「〔アーキヴィストの〕倫理綱領」が採択された。

二〇一一年十一月十日には、国際アーカイヴズ評議会の主導により、ユネスコの総会で世界アーカイヴズ宣言が採択された。こんにち、この宣言で示された定義と諸原則は、アーカイヴズの保存と幅広いアクセスを目指した数世紀にわたる努力の達成であると言える。

「アーカイヴズは、意思決定、行動、記憶を記録する。アーカイヴズは世代から世代へ引きつがれる唯一無二にしてかけがえのない文化遺産である。文書はその作成段階からそれ自身の価値と意味を保存するために管理される。責任と透明性のある行政経営活動のための信頼できる情報源として、アーカイヴズは、個人および共同体の記憶の形成と保護に寄与することによって、社会の発展において重要な役割を果たす。知識の発展、民主主義と個人の権利の維持向上、市民の生活の質の改善のため、アーカイヴズへの自由なアクセスは維持促進されなければならない。」〔世界アーカイヴズ宣言より

冒頭部分。訳出にあたっては国際アーカイヴズ評議会による公式日本語版および英語版を参考にした〕

訳注

（1）ブーヴィーヌの戦い（一二一四年）は、フィリップ二世が神聖ローマ帝国とイングランドを中心とする連合軍をフランス北部ブーヴィーヌの地で破り、フランス王権の伸張をもたらすことになった大規模な会戦。

（2）有産市民であるブルジョワジーが大きく台頭した復古王政期には、ルイ十一世（在位一四六一―一四八三年）が有力諸侯への対抗のために平民であるブルジョワを重用した側面がしばしば強調された。

（3）アンシアン・レジーム期より唱えられていた、ピレネー山脈、地中海、アルプス山脈、ライン川、大西洋という天然の境界によって囲まれた範囲がフランスであるという理念が自然国境説であり、しばしばフランスの対外拡張政策の根拠とされた。一八一五年はナポレオン戦争の戦後処理の一環として第二次パリ条約が調印された年であり、フランスの領土は一七九〇年当時の領域まで削減されることになった。

（4）保存官（conservateur）は、図書館、文書館、博物館・美術館において、調査研究、資料保存、普及活動などを担うフランス独自の上級専門職。現在の制度では図書館保存官と文化遺産保存官の二つの公務員職員群《コール》に大別され、アーキヴィストは後者に含まれる。

（5）概要目録（inventaire sommaire）は、各文書の標題に加え、一部またはすべての文書に簡易な説明を付した形の所蔵目録。古い時代の文書群の記述のために十九世紀後半に盛んに作成された。

（6）はじめ公教育省内に設置されたアーカイヴズ局は一九三六年にフランス・アーカイヴズ局に改組され、二〇〇九年には文化省の文化遺産総局内の一部門である「フランス省庁間アーカイヴズ部（Service interministériel des Archives de France）」となり現在に至る。二〇〇六年までは国立文書館長と（フランス・）アーカイヴズ局長は兼務であった。

（7）ランはライン川のフランス名。ここではフランスのライン川沿いの二県、バ＝ラン県とオー＝ラン県を指す。なお、この両県は二〇二一年一月一日付で合併してアルザス欧州自治体（Collectivité européenne d'Alsace）となり、地方自治体としての県は解消した。

（8）クルーゾ＝ロワールは一九八四年に倒産した鉄鋼会社。ル・クルーゾにあった製鉄工場を十九世紀にシュネデール（シュナイダー）兄弟が買収したことに始まる。フランソワ・ブルドンはその初期に活躍したフランスの技術者。

（9）アーカイヴズの統制（contrôle）とは、公的アーカイヴズ機関が行なう一連の業務を、中央政府が「科学的・技術的」に監督する権能を指す。現在は文化遺産法典で規定されている。

（10）アーカイヴズにおける「機能（fonction）」とは、ある組織や個人が、同一の目的のために遂行する業務や活動のまとまりを指す。

第二章　アーカイヴズには何があるのか

アーカイヴズは〔文化遺産法典の定義により〕「あらゆる自然人または法人により、（中略）その活動の実施において作成または受領された、データを含む記録の総体〔傍点は訳者〕」とされる。しかし現実には、こんにち公的アーカイヴズ機関に保存されている文書類は、何らかの文書評価方針に基づいて熟慮された選別と、歴史的な偶然との二重の結果である。本章ではフランスにあるアーカイヴズ資源について説明するが、どのような種類の文書があるかについては他のヨーロッパ諸国もある程度同様である。

Ⅰ　基本原則——同出所資料群《フォン》の尊重

1　定義

アーカイヴズ機関を初めて利用する研究者は概して、図書館やドキュメンテーション・センター[1]を利用する場合と同様、自分が取り組んでいる問題に関する文書が、できあがった一件書類の形でそこにあると期待している。

しかしアーカイヴズというものは、その本質上、別のアプローチを必要とする。アーカイヴズにある文書は、そもそも当面の便益のために作成されたものであり、歴史家の要求に応えるために作成されたものではないため、それらは元の文脈、つまり実際にその組織で文書が作成されたプロセスの中に置き直されることで、初めて十全な意義を持つ。セオドア・R・シェレンバーグ〔アメリカのアーキヴィスト。一九〇三―一九七〇年〕が強調したのは、たとえば、ある探検隊のために作成された地図は、〔この探検隊の〕ファイルの中に保存されれば、その遠征について多くの情報を伝えてくれる一方、元のファイルから切り離されて地図コレクションの中に入れ込まれてしまったら、その価値のほとんどを失ってしまうということであった。さらに、同じ一つの文書が複数のまったく異なった問題に関わることもありえるし、主題別の編成はどんなものであっても、ある一つの問題を他よりも重視することになるため、事態を単純化してしまいかねない。ある建築家による公共設備の設置計画書は、建築史、都市計画史、市史のいずれにも関係する。これらはいずれも等しく重要な三つの異なった研究領域であるが、もしその計画書がその設備の設置についての行政ファイルの中に保存されていて、かつそのファイル自身も市のアーカイヴズ資料群《フォン》の中にきちんと収められていれば、より容易に研究成果を上げることができるだろう。

こういうわけで、出所を同じくする文書はすべて一箇所に維持し、たとえ同じ事柄に関係する文書であっても来歴の異なるものとは混ぜないことが根本的に重要である、という認識をアーキヴィストたちは次第に深めていった。なぜならば、文書の出所がきちんと分かっている場合においてのみ、その文書の真正性を確認することができ、また、しかじかの案件がどのような形で扱われたのかを把握することができるからである。ここにおいて、**「同出所資料群《フォン》の尊重」**〔respect des fonds〕の原則が明らかになる。これは、こんにちアーカイヴズ文書を保存するほとんどの機関において、文書の組織化を律する原則となっている。

この原則は、アーカイヴズにおける**同出所資料群《フォン》**〔fonds〕の概念に基づいている。同出所資料群〔以下、単に「資料群」と表記する〕とは、「単一の作成者により、その活動の実施において、かつその権限に応じて、有機的にまとめ上げられた、あらゆる性格の文書の総体[*1]」とされる。[(2)]そのため資料群《フォン》は〔図書館や博物館・美術館などの〕**コレクション**とは対置される。コレクションは、「内容または支持体に関係した共通の基準に基づく人為的な文書の集合であり、その配列は意思または偶然の結果による」。

資料群《フォン》の尊重原則とは、「各文書は、その出所である資料群の内部、かつその中の元の位置に保たれるか、あるいは戻されなければならない」という主張である。

2 「資料群《フォン》の尊重」に関係する諸原則

資料群《フォン》の尊重原則の実践にあたっては、まず**出所原則**が基本となる。この原則は、「同一の作成者に由来する文書群は一箇所に保ち、他の文書群と混ぜないこと」である。「作成者」とは、文書類をみずからの活動の中で集積した者のことを意味するため、文書を実際に生産した者と混同してはならない。一般に、作成者は、〔みずからが作成者である資料群に含まれる文書のうち〕発送した文書の生産者である（作成者は発送した文書の写しをしばしば〔手元の〕書類に保存しているものである）が、受領した文書の生産者ではない。逆に、同じ生産者による文書がさまざまに異なった作成者の書類の中に見いだされることはよくある（たとえばフランス王が発給した証書は多数の資料群の中に散在している）。同様に、編成作業やアーカイヴズ機関への移管にあたっては、作成者と、単に文書を保有している者とを混同してはならない。みずからが作成したのではなく、その場所を直前に占めていた機関が残していった文書群を保存している行政機関はたいへん多いためである。

しかし、資料群《フォン》の尊重原則は出所原則だけにとどまるものではない（しばしばこの二つは混同されるのだが）。というのは、資料群《フォン》の尊重原則は、互いに密接に関連する次の二つの原則も包含しているためである。

- **資料群《フォン》の完全性の原則**は、「資料群の当初の構成を保つ」ことを目的としており、資料群に何も加えてはならず、かつ他の場所に移すために文書を抜き去ることもしてはいけないという原則である。したがって、この原則によれば文書群の分割は認められない（ただし不要な文書の廃棄は禁じられるわけではない）。

● **原秩序尊重の原則**は、「作成者によって定められた〔ある資料群の〕内部的な文書編成を、手つかずの状態に保つか再現することができる」ようにしなければならないという原則である。実際、一般的には、作成者はみずからの必要や活動に適応した形でうまく文書編成を行なっているものなのである。文書の状態によっては、それらが〔元々〕どのように組織化されていたのかが判断できず、この原則を適用することが困難な場合もあるが、それでもアーキヴィストはつねに、可能な限りこの原則を遵守するよう努めなければならない。

3　研究者にもたらされる影響——研究方法

こんにち多くの研究者は、経験的な〔つまり体系的ではない〕方法で〔アーカイヴズの〕調査を開始するが、これは強力な検索エンジンとインターネット上の「ポータル」の発展によって近年開かれた可能性のおかげである。とはいえ、こうしたやり方は早々に限界に突き当たる。なぜならば、たとえ目録がオンラインで利用できるとしても、求める答えを得るには必ずしも十分に精密ではないからである。ときに研究上不可欠な多くの資料群が、こうして見過ごされてしまうことになる。

逆に、資料群《フォン》の尊重原則を応用すれば、どのような性格の文書であろうと、研究者はみずからの研究に関係する文書を探し出し、その論理を理解することが可能になる。

まず、研究すべき歴史上の問題について、何らかの形で関係した可能性のある個人、家族、組織を特定することが必要である。もっとも単純なケースは、家系調査である。調査対象である家族の個人文書（もし保存されているならば）以外には、民事身分《エタ・シヴィル》(3)の登録簿の管理を担う教区やコミューン、それに個人間の契約に責任を持つ公証人が、調査に関係する主要な文書の作成者である。そのうえで、どのコミューン、教区、公証人が調査されるべきかを知る必要がある。同様に、ある建物のフランス革命以後の歴史を調べる場合、まず頼りになるのは、土地台帳、土地所有権の移転を記録している抵当権保存所の文書、収税のためにあらゆる土地の譲渡記録を記録している登録局の文書、そしてもちろん公証人文書の原本である。〔調査対象の〕建物の所在によって、どの抵当権保存所または登録局に行くべきかが決まる。より複雑な調査の場合でも、論理の道筋は同じである。

研究に関係する文書を作成した可能性のある**アーカイヴズ作成者**が特定されたら、さらにそれらの文書がどこにあるのかを知る必要があるが、これは必然的に、〔フランスにおいて〕アーカイヴズ機関がどのように組織されているのかを知らなければいけないということを意味する。後述するように、公的機関や教会文書の場合であれば、答えは比較的簡単である。しかし個人、家族、団体、企業の文書群については同じようにはいかない。これらの文書群が公的なコレクションに入っていたとしても、たとえばある家族が複数のコミューンや県にまたがって財産を所有していた場合は、現在、どの公的アーカイヴズ機関が関係文書を所蔵しているのかを確信をもって推定することはできない。幸い、大部分の公文書館において検索手段〔アーカイヴズ文書を探し出すための目録類などの各種ツールの総称。詳細は第三章Ⅳを参照〕のオンライン化が進んでいるおかげで、多くの場合こうした困難さは取り除くことができる。

研究者は、みずからの調査に関係しそうな文書を所蔵する公的または民間のアーカイヴズ機関を特定したら、さらにその機関内部で〔所蔵文書が〕どのように編成されているのかを考慮に入れる必要があるだろう。資料群《フォン》の尊重原則は、フランスでも諸外国でも徐々にしか認知が進まなかったために、今となっては修正しようのない〔当時の〕悪習が多く残ってしまっているためである。

4 アーキヴィストにもたらされる影響——基本分類表

フランスでは長年、資料群《フォン》の尊重原則は、**基本分類表**〔cadre de classement〕、すなわち「資料群および系列《セリー》および下位系列《スー・セリー》と呼ばれる大区分および小区分に分類する方法を定めた、あらかじめ策定された指導的な分類表」に基づいて実践されてきた。(4) 県立文書館のための基本分類表は一八四一年四月二十四日の通達で定められ、のちに他の諸規定によって詳細化と修正がなされた。コミューン立文書館の基本分類表はまず古い時代の文書についてのみ規定され（一八五七年八月二十五日の訓令）、その後補足されて最終的には一九二六年に確定した。

基本分類表は**個別分類表**〔plan de classement〕とは異なる。個別分類表は、ある一つの所与の資料群に対して、〔作成者のもとでの〕当初の編成を可能な限り踏まえた、〔その資料群内部の〕固有の組織化を示したものである（第三章Ⅳの1を参照）。

文書群はその作成機関によって組織化されるものなので、フランスにおける県立文書館とコミューン立文書館の基本分類表に関しては、フランス革命が一つの画期となる。なぜならば、フランス革命はアンシアン・レジームの諸機関を撤廃して新たな諸機関（これ自体も少しずつ変遷を重ねていくことになる）を設立したためである。つまり、この区切りは年代によるものではなく、組織の観点によるものである。とはいえ、中には革命による断絶が起きなかった資料群《フォン》もある（公証人文書や家族文書）。なお、国立文書館の基本分類表について言えば、資料群の尊重原則はほとんど守られていない。(5)

しかしながら、基本分類表は近年の文書群にはほとんど適合していないことが明らかになっている。一つには、頻繁な行政機構の変化に対応するよう、基本分類表も定期的に改訂すべきであった〔が、十分に行なわれなかった〕ことが挙げられる。他方、現代の大量の文書群は、しばしば〔文書〕作成現場の間近で行なわれる収集方法が進んだことでいっそう膨大になっているため、より簡素な請求記号の体系と、物理的に書庫内の利用可能な空間を最大限活用できる連続的な配架方法が必須になったということがある。さらに、情報技術の発達によって、同じ出所の文書全体を、請求記号や〔物理的な〕所在に関係なく知的に集合させることが可能になっている。そのため、フランスにおいて基本分類表の適用は、県立文書館については一九四〇年七月十日（第三共和政の終了時）に、国立文書館については一九五八年（第五共和政の開始時）に、コミューン立文書館については一九八二年（地方分権諸法の施行時）に、それぞれ完結している。〔それ以降の〕現代の移管文書においては〔基本分類表に従わず〕連続する請求記号を受入順に付与するようになっている。情報技術による索引化は、同一の作成者に由来する文書を、資料群《フォン》の尊重原則を遵守しつつ迅速に再構成することを可能にしているのである。

したがって現代のアーキヴィストたちは、研究者からのアプローチにより適切に応えるために、みずからが管理する資料群を、請求記号にとらわれずに論理的な順序で、かつ出所を明示しつつ提供することを好む。本章の以降の記述はこの立場をとる〔つまり基本分類表に沿った記述としない〕こととし、また文化遺産法典が定めるとおり、公文書（「公役務の一環として、国、地方自治体、公施設法人およびその他の公法上の法人または同様の役務を担う私法上の者の活動から生じる文書」および「公署官および裁判所補助吏の文書原本および台帳」[6]）と私文書との基本的な区別に従うこととする。

Ⅱ　中央政府のアーカイヴズ

諸外国と同じくフランスでは、国家元首、政府および国家機関の文書については、**国立文書館**での保存が定められている。フランス国立文書館は書架長三七〇キロメートルに及ぶ大量の文書を所蔵するが、これらは、アンシアン・レジームの文書とパリの公証人文書原本を収める、スービーズ館とロアン館からなるパリの「歴史的」街区と、大革命以降の公文書およびあらゆる時代の私的な由来をもつ資料群を所蔵するピエルフィット＝シュル＝セーヌの二箇所に分散している。

1　中世およびアンシアン・レジーム

歴代フランス国王のアーカイヴズの元々の核をなす「文書の宝物庫」は、「文書箱《レイエット》（または書類《ドシエ》）」と、発送された証書が転写された「登録簿《ルジストル》」の二つに大別され、中世研究にとっての基盤となっている。その重要性は、近世に入り最高諸院および各省の存在が大きくなっていくにつれ、次第に小さくなっていく。

おもに近世については、国立文書館は、国王重臣、国王諮問会議、同会議委員会の各文書群と、大尚書局《グランド・シャンセルリ》の資料群の残滓（一六七五年から一七九〇年までの官職叙任状しかほぼ現存しない）を保存している。国立文書館にはまた、美術史研究に欠かせない宮内卿室の文書、海軍卿室と改革派教会担当国務卿室の文書、そして、おもに十八世紀を中心とした財務総監府の文書も所蔵されている。

アンシアン・レジーム下の中央の裁判記録は、国立文書館のパリ館の多くの資料群を占めている。とくに、パリ高等法院（その管轄区域は王国内の大部分に及んでいた）、パリ会計法院、パリ租税法院、そして貨幣法院の資料群がそれにあたる。

2 革命期

革命期の文書は、国立文書館の当初の中心的なコレクションであり、現在に至るまで同館に保存されている。内容は、憲法制定議会・立法議会・国民公会の法律と命令、選挙および投票の記録（とくに全国三部会のもの）、議会の議事録、派遣議員（国民公会が各地方および軍隊の掌握のため派遣した議員で、強大な権限が認められていた）と各委員会の書類、それに革命裁判所の文書である。

3 現代

〔国立文書館が所蔵する〕十九世紀の各君主家の資料群は、フランス王室の資料群を引き継ぐものであり、とくに第一帝政期のものは分量が多い。それらの資料群はフランスを統治した各家（オルレアン家、ナポレオン家）や大臣たちの私的な資料群によって補われる必要がある。一八七一年以降の国家元首の文書に関しては、第三共和政のものは欠落が多いが、フランス国《エタ・フランセ》〔第二次世界大戦時のヴィシー政権の正式国名〕（一九四〇―一九四四年）のもの〔司法高等法院によって接収・移管された書類から構成される〕はより多く残っており、第四共和政〔一九四六―一九五八年〕と、とくに第五共和政〔一九五八年から現在まで〕の大統領については実に大量のコレクションをなしている。これは、ジスカール・デスタン大統領の任期中（一九七四―一九八一年）に、〔大統領府に〕実効的なアーカイヴズ部局が設置されたことによる。

省庁と行政各機関からの〔国立文書館への〕移管文書は、一九五八年までは系列Fを構成していた〔本書の以下の記述に現われる系列記号は、すべて基本分類表内の分類を表す〕。F自身、さまざまな専門別の省庁（農業省、商・工業省、公教育省など）の設置に応じて、さらに約五十の下位系列に細分されていた。司法省の文書だけは独自の系列を構成しており（系列BB）、そこにはとくに、氏名の変更、特別許可による婚姻、そして革命暦十一年〔西暦一八〇二年九月二十三日からの一年間〕以降の帰化に関する名簿ファイルが所蔵されている。一九五八年以降は、省庁からの移管文書はその出所にかかわらず、すべて請求記号が連番で付されるようになっている。一方、歴史的建造物の所管機関の十九世紀以降の文書は、つねに行政によって修復作業の際に利用されるため、シャラントン＝ル＝ポンにある**建築遺産メディアテーク**に保存されている。ここには歴史的建造物主任建築家〔国家試験により選抜され歴史的建造物の保存修復を担う専門家。二〇二〇年現在、約四十名〕のアーカイヴズも収集されている。

省庁からの移管文書に含まれるものとしては、とくに官僚の個人的なファイルが挙げられる。この数十年来アーキヴィストたちは、行政機関の文書に加えて、大臣官房の文書の収集という往々にして厄介な作業にもしばしば成功してきた。

国立文書館には、あらゆる分野の公的活動に関わる多くの国立機関の文書群も所蔵されている。すなわち、文化（パリ・オペラ座、オデオン座など）、教育（高等師範学校、国立高等美術学校など）、農業（農業アカデミー、グリニョン国立高等農業学校など）、経済（東部鉄道会社、国立石炭事務所、地質鉱山研究所など）などである。

（第二次世界大戦時のドイツによる）占領と解放の時期の臨時的な組織（の文書）は、早くもパリ解放の時点から収集作業が開始されたため、保護されるに至っている（ユダヤ人問題総合委員会、青年錬成所）。

国立文書館はまた、国民議会と元老院の大部分の文書に加え、憲法院、会計院、破毀院、国務院、経済社会評議会（二〇〇八年に経済社会環境評議会へ改組）の文書も保存している。さらに、レジオン・ドヌール勲章の受章者と昇叙者の一八〇二年（すなわち同勲章の創設時）以来の名簿もここにある。これはレジオン・ドヌール賞勲局から移管されたもので、現在はオンラインで閲覧可能である。

現代の移管文書の特徴としては、支持体の多様さが挙げられる。つまり、紙の上に文字で書かれた文書に加え、写真、録音、映像、それにボーン・デジタルの文書（第三章Ⅱの2を参照）がある。

一九八五年七月十一日の法律（現在は文化遺産法典に統合されている）の制定以来、国立文書館は司法視聴覚アーカイヴズ、すなわち時代を象徴するような重要な裁判のオリジナルの録音・録画記録を受け入れている。第二次世界大戦とショアーに関係した人道に対する罪の裁判（バルビー〔一九八七年〕、トゥヴィエ〔一九九四年〕、パポン〔一九九七―一九九八年〕）や、汚染血液事件（一九九二―一九九三年）、チリの独裁政権（二〇一〇年）、パスカル・シンビカングワ（ルワンダ虐殺、二〇一四年）、二〇一五年のパリ同時多発テロ事件（二〇二〇年）の裁判などが含まれる。[7]〔司法視聴覚アーカイヴズのうち〕トゥールーズの窒素肥料工場で起きた惨事〔二〇〇一年に発生し三十一名が犠牲となった爆発事故〕を受けて行なわれた裁判の記録は、オート＝ガロンヌ県立文書館に保存されている。

4　特殊なケース

三つの省は独自に文書館を管理しており、専門の機関が保存を担当している。

- **外交文書館**（外務省〔二〇一七年にヨーロッパ・外務省へ改組〕）は十七世紀以来の資料群を所蔵し、ラ・クルヌーヴ（大規模な条約のコレクションを含む本省の文書群および民間由来の文書群）とナント（国外の外交官ポスト、フランス保護領モロッコおよびチュニジア、フランス委任統治領シリアおよびレバノンの各文書群）の二箇所に分かれている。
- **国防史料館**（国防省〔二〇一七年に軍事省へ改組〕）のおもな立地はヴァンセンヌ（アンシアン・

『Q1042　アーカイヴズ』について	(51042)

■その他小社出版物についてのご意見・ご感想もお書きください。

■あなたのコメントを広告やホームページ等で紹介してもよろしいですか？
1. はい（お名前は掲載しません。紹介させていただいた方には粗品を進呈します）　2. いいえ

ご住所	〒　電話（　　）		
（ふりがな） お名前	（　歳） 1. 男　2. 女		
ご職業または学校名		お求めの書店名	

■この本を何でお知りになりましたか？
1. 新聞広告（朝日・毎日・読売・日経・他〈　　〉）
2. 雑誌広告（雑誌名　　）
3. 書評（新聞または雑誌名　　）　4.《白水社の本棚》を見て
5. 店頭で見て　6. 白水社のホームページを見て　7. その他（　　）

■お買い求めの動機は？
1. 著者・翻訳者に関心があるので　2. タイトルに引かれて　3. 帯の文章を読んで
4. 広告を見て　5. 装丁が良かったので　6. その他（　　）

■出版案内ご入用の方はご希望のものに印をおつけください。
1. 白水社ブックカタログ　2. 新書カタログ　3. 辞典・語学書カタログ
4. パブリッシャーズ・レビュー《白水社の本棚》（新刊案内／1・4・7・10月刊）

※ご記入いただいた個人情報は、ご希望のあった目録などの送付、また今後の本作りの参考にさせていただく以外の目的で使用することはありません。なお書店を指定して書籍を注文された場合は、お名前・ご住所・お電話番号をご指定書店に連絡させていただきます。

郵便はがき

おそれいりますが切手をおはりください。

101-0052

東京都千代田区神田小川町3-24

白水社 行

購読申込書

■ご注文の書籍はご指定の書店にお届けします。なお，直送をご希望の場合は冊数に関係なく送料300円をご負担願います。

書名	本体価格	部数

★価格は税抜きです

(ふりがな)

お名前 (Tel.)

ご住所 (〒)

ご指定書店名（必ずご記入ください） Tel.	取次	（この欄は小社で記入いたします）

レジーム期からの本省の文書群）とシャテルロー（兵装と人事に関する文書群）であり、分館が各地の港（シェルブール、ブレスト、ロリアン、ロシュフォール、トゥーロン）にある。この大きな組織が持つ多数の資料の中には、およそ一三〇万枚にのぼる第一次世界大戦時の「フランスのために亡くなった人びと《モール・プール・ラ・フランス》」の記録カードと、この戦争の際の部隊日誌があり、現在、ウェブサイト「人びとの記憶《メモワール・デ・ゾム》[8]」上で閲覧可能である。さらに最近十年の間に、アルジェリア戦争、モロッコとチュニジアでの戦闘、インドシナ戦争、モン＝ヴァレリアン要塞の銃殺（ドイツ占領下、同地で多くの捕虜やレジスタンス活動家が処刑された）、第二次世界大戦の戦没軍人、そして一九〇五年以降に国外における軍事作戦の現場で亡くなった兵士といった「フランスのために亡くなった人びと」のリストもこれに加わった。

● **経済財政アーカイヴズ・センター**（経済・財務省）はサヴィニー＝ル＝タンプルにあり、おもに一八七〇年以降の文書を所蔵する。

加えて、フランスの旧植民地、および旧植民地に関わった各省庁の文書は、エクサンプロヴァンスにある**国立海外文書館**に保存されている（書架長三十六キロメートル）。ここにはとくに、これらの地域の身分証書が所蔵されており、現在ではその大部分がオンラインで閲覧可能である。

また、特殊な役割を持つ**国立視聴覚研究所**（ＩＮＡ）にも触れておくべきだろう。一九七五年の創設以来、フランスの公的な、および民間の視聴覚資料（とくに一九四五年以降のラジオとテレビの公共放送）の収集と保存を行なっている〔エマニュエル・オーグ『世界最大デジタル映像アーカイブ　ＩＮＡ』西兼志訳、白水社文庫クセジュ、二〇〇七年〕。最後に、二〇〇六年からフランス国内のインターネットサイトを「法定納本」〔法律に基づき国内出版物の網羅的な収集を行なう制度〕の枠組で収集している**フランス国立図書館**を挙げておこう。

Ⅲ　アンシアン・レジームの州および近代の県における行政

1　県立文書館のネットワーク

アンシアン・レジームの各州の諸機関と裁判所の文書群は、フランス革命以降の県行政の文書群と同様に、各県のアーカイヴズ機関（通常「県立文書館」と呼ばれる）に保存されている。[9] これらの〔アーカイヴズ〕機関は、通常は県庁所在地（または時としてその郊外）に、あるいは例外的に歴史上・政治上の理由から二箇所に分散する形で（マルヌ県の文書館はシャロン＝アン＝シャンパーニュと分館のランスに分かれている）、各県に置かれている。その使命は、県レベルで（県庁《プレフェクチュール》）[10]、または複数の県にまたがって（大学区、控訴院、地域圏会計院、地域圏を管轄する国の出先機関）行なわれる国の事務に関する文書群、県議会（かつての県会）の文書群、そして地方の公施設法人や公立病院、公証人などの文書群に関する業務を行なうことである。二〇一九年十二月三十一日現在、全国の県立文書館の所蔵文書の総計は書架長およそ二七〇〇キロメートルにのぼり、そのほぼ半分は一九四〇年以降のものである。

2　中世およびアンシアン・レジーム

アンシアン・レジーム期に各州において作成された行政・司法関係文書は通常、〔州の〕行政・司法の本拠が置かれていた県の文書館に保存されている。たとえば、ナントにあったブルターニュ会計法院〔ブルターニュはアンシアン・レジームにおける州の一つ〕の文書群は〔ナントのある〕ロワール＝アトランティーク県立文書館が所蔵しており、一方、レンヌにあったブルターニュ高等法院の文書群は〔レンヌのある〕イル＝エ＝ヴィレーヌ県立文書館に収められている。

フランス革命の際には、亡命貴族《エミグレ》および有罪宣告を受けた人びと《コンダネ》の財産の差押えが行なわれ、結果として県立文書館が多くの領主文書を所蔵することになった。

同様に、フランス革命の際に聖職者の財産が国有化されたことで、アンシアン・レジームの司教区および教会組織の資料群は県立文書館に保存されることになった。そこには議事録や、所有地に関する多数の権利証が含まれる。これらの資料群は往々にして、〔文書館ではなく〕図書館に所蔵されている資料群によって補完される必要があるが、それは製本済みの文書（文書集成《カルテュレール》）の多くが、大革命時または十九世紀に図書館へ移管されたためである。

パリの場合は特殊である。フランス革命に際して、フランスの首都であり州都でもあるという二つの立場は区別されなかったため、パリの裁判記録（とりわけプレヴォ管轄区の本部があったパリのシャトレ裁判所のもの）、パリ市役所、大司教区および多数の教会組織（ただしパリ・コミューンの際の一八七〇年の火災で教区簿冊は焼失した）の文書はいずれも〔県立文書館ではなく〕国立文書館に集められ、現在もなおそこで閲覧に供されている。

3　近現代

革命期の出来事はおもに、陳情書（アンシアン・レジームのバイイ裁判所〔バイイはフランス北部・東部における国王役人〕の資料群に含まれる）によって、次いで、県・郡の議会・行政府《ディレクトワール》、小郡《カントン》役場の各議事録、さらに民衆協会、監視委員会、革命裁判所の各文書群によって、記録されている。加えて、差押えや国有財産の競売に関する書類もあるが、これらはある家や地所の歴史を調べる際には第一級の史料である。

一八〇〇年にボナパルトによって創設された知事職《プレフェ》の権限は次第に大きくなっていったため、その文書群は県の政治・経済・社会史に関するあらゆる研究にとって根本的に重要なものであり、その書類の中には〔知事の〕公的な活動がすべて現われていると言える。とりわけ、選挙〔選挙人名簿、選挙手続、当選者〕、政治的な出来事、治安維持、自然災害、県やコミューンの日常活動〔会計、公共建築の建設維持、教育機関〕に関する情報をそこに見いだすことができる。そのため県庁の書類は、とくにコミューンの資料群と補完関係にあり、後者の欠落を埋める役割をしばしば果たす。軍務に関しては、県庁の資料群は〔国の〕徴兵機関の資料群によって補完される。後者には「新兵登録簿」が収められているが、これは一八六七年に開始されたもので、年別に管理され、新兵の軍歴を追跡するのに役立つ〔第一次世界大戦以前の登録簿は、現在オンラインでアクセスが可能である〕。同様に、公共事業関係の書類には、県庁の書類と土木局主任技師(11)の書類の両方が含まれる。

裁判所から〔県立文書館へ〕の移管文書はとくに分量が多く、各種の裁判所の管轄に応じて、実にさまざまな訴訟案件をたどることができる。

商事裁判所の文書群の中で特筆すべきは、商業・会社登録簿である。これはドイツにならって一九一九年にフランスに導入されたものであり、手工業、商業、工業に従事する者はすべて、登録が義務づけられた。一九三六年以降は、職人は専用の登録簿〔職業登録簿〕に登録された。この「登録簿」は、実態としてはアルファベット順のカードを含むさまざまな種類の文書で構成されており、商人および職人の民事身分《エタ・シヴィル》や活動〔職業、活動開始時期、所在、さらに時として清算、破産、担保、事業譲渡〕についての情報を与えてくれる。経済史研究においては基礎となる史料である。

地方分権諸法の施行（一九八六年）以降、県立文書館には県会（おもに社会給付、中学校、国土整備を所管するようになり現在に至る）の資料群も移管されるようになり、また〔それ以前に〕国の出先機関が作成していた書類も県立文書館は引き継いでいる。

4　身分証書

県立文書館は例外なく身分証書《エタ・シヴィル》〔本章訳注3を参照〕のコレクションを所蔵している。はじめ、小教区（十一世紀に現われる）内において洗礼（のちに埋葬も）を記録することがカトリック教会によって制度化されたが、これは教区簿冊の管理によって実現された。現在残っているフランス最古の教区簿冊はジヴリー（ソーヌ＝エ＝ロワール県）のもので、一三〇三年にまで遡ることができる。一五三九年に、フランソワ一世はヴィレル＝コトレの王令により「洗礼登録簿」の管理を義務づけた。さらにブロワの王令（一五七九年）は、結婚と埋葬の記録も義務化した。一六六七年には民事手続に関する王令（「ルイ法典」）が、登録簿を二部作成し管理するよう規定した。すなわち、原本《ミニュート》は小教区に残し、執行謄本《グロス》はバイイ裁判所の記録保存所に納めることとしたのである。もっとも、この二重管理方式が徹底されるには一七三六年の国王宣言を待たなければならなかった。一七九二年九月二十日、立法議会による命令は登録簿の管理業務を聖職者から取りあげ、以後は市長が行なうこととした。身分証書は、出生証明書の余白に「欄外注記」として、婚姻日（一八九七年から）、離婚日（一八八六年から）、死亡日（一九四五年から）が記載されるようになったことで、次第に改良されていった。ただし、これらの欄外注記は一九八九年一月十三日の法律により、フランス本土においては、裁判所の記録所に保存される民事身分登録簿内の身分証書に対しては記載されなくなった。

したがって、定められた手続きがきちんと踏まれていれば、少なくとも十八世紀以降については、〔身分証書には〕二つのコレクションが存在することになる。まず、教区司祭と、それを引きついだ市長が管理していたコレクションは、通常、コミューンの資料群に含まれる。一方、バイイ裁判所と、それを受けついだ民事裁判所の記録保存所のコレクションは、県立文書館で閲覧が可能である〔系列E〕。十九世紀初頭以降は、各コミューンが十年おきにアルファベット順の身分証書索引〔「十年索引」〕を、これも同様に二部ずつ作成しているので、探している証書の日付や届出先のコミューンが不明な場合にも、調査を容易に進めることができる〔十年索引は、コミューンと裁判所で一部ずつ保存されるため〕。

二〇一九年十二月三十一日現在、ほぼすべての県立文書館は、コミューン立文書館との連携のもと、一部またはすべての身分証書をオンラインで公開している。公開にあたっては、「情報処理および自由に関する国家委員会」の二〇一二年四月十二日の決議（すなわち、出生証明書および婚姻証明書は登録簿の完結から七十五年後〔欄外注記の場合は一〇〇年後〕、死亡証明書は登録簿の完結から二十五年後までを〔オンラインでの〕非公開期間とすること）が遵守されている。

5　公証人文書の原本

アーカイヴズに関する一九七九年一月三日の法律（のちに文化遺産法典の中に統合されることになる）は、公証人が作成した証書原本を公文書と規定し、そのため七十五年の年限ののち県のアーカイヴズ機関へ移管すべきことを定めた。それ以前には一九二八年三月十四日の法律が、一二五年を経過した原本を県立文書館へ、ただしパリの場合は国立文書館（「パリ公証人記録中央保存所」）へ、それぞれ納めることを定めていた。現在、こうして保存された公証人文書の原本は書架長二五〇キロメートル以上にのぼり、南仏においては時として十三世紀にまで遡ることができる（マルセイユ市立文書館が所蔵する一二四八年のジロー・アマルリック〔同地で活動した公証人〕の登録簿など）。一方、北仏については最も古くても十五世紀以降である。一般的に言って〔公証人文書の〕原本は、十六世紀末からは切れ目なく所蔵されている。

公証人文書は多彩である。そこにはたとえば、家族（婚姻契約、配偶者間贈与、遺言、遺言変更）、財産（売買、交換、各種の贈与や取引、小作契約、賃貸借）、信用《クレディ》（領収証と債務証書、不動産定期金契約、年金設定《ラント》）、さらには政治状況（たとえばアンシアン・レジーム期の封建的諸権利に関する各種の処分）に関する証書などが含まれる。十七世紀の終わりにはすでに、公証人は目録の管理義務を課されていた（この義務は一七九一年にも再び確認されることになる）。これは、ある事務所で処理されたすべての証書が時系列順で記載される記録簿である。そこには基本的に、日付、証書の種類、主要関係者の名前が記されていたので、これはまさしく検索手段に相当するものであると言える。

6　登記・登録

公証人文書の調査にあたっては、登録《アンルジストルマン》の記録である登録簿《ルジストル》も助けになる存在である。早くも一五三九年、ヴィレル＝コトレの王令は、生前贈与の際の証書について、裁判所の記録保存所が管理する登録簿に写しを作成することを義務づけた。これが**法的登記**の発祥であり、このため、これらの記録は裁判所の資料群の中に保存されている（県立文書館の系列B、国立文書館所蔵のパリ・シャトレ裁判所の資料群）。一六四五年からは遺贈の際にも登記は行なわれるようになった。

また、一六九三年には王令によって**公証人文書管理**が組織的に行なわれるようになり、これは一七〇六年にはすべての私署証書にも拡大された。公証人は作成した証書を、十五日以内にみずからの事務所に最も近い「手続所」へ出頭して登録しなければならなかった。管理登録簿の記載事項は、証書の提出日付、種別、そして抄録（当事者の名前、公証人の名前と住所、証書の日付を含む）であった。これらの登録簿は当局によって時系列順に編成されており、一般に県立文書館の下位系列２Ｃを構成している。

一七〇三年には、法的登記は純粋に税務的な性格を持つようになり、あらゆる財産の移転にも適用されるようになったが、このとき二つの新たな登記制度が設けられた。すなわち、不動産に関するもの（百分の一税登記）と、その他の財産移転に関するもの（税率登記）であり、これによって取引額面の一パーセントを国王政府が徴収することができるようになった。これらの登録簿には、証書の種別、当事者の名前、公証人の名前、そして証書の日付が記載されていた。登録簿は証書管理の請負人に委託されており、そのため、（公証人文書管理の登録簿と）同様に県立文書館の系列Ｃに保存されている（県立文書館の基本分類表では系列Ｃ「州行政」の下位系列２Ｃが「証書管理および登記」にあたる）。

一七三一年には、生前贈与に関する登記は再び国王裁判所の記録保存所で行なわれることとなった。

一七九〇年十二月五日の命令および同年十二月十九日の法律によって、各種の登記および公証人文書管理は撤廃され、一七九一年二月一日からは単一の登録《アンルジストルマン》の制度に置き換えられることになった。対象となったのは、公証人文書、裁判所執行吏の令状、裁判上の行為に関する証書、私署証書、不動産所有権・用益権の権利証である。登録の記録である登録簿には、電算化されるまで下位系列３Ｑの請求記号が付されていた。この電算化は（県によって異なるが）一九六五年から一九八〇年の間に進められた。

7　抵当権

土地所有権の移転は、抵当権登録簿によっても記録されている。抵当権とは、不動産売買にあたって、もし債務が期日までに履行されなかった場合に、債権者が債務者の不動産を売りに出すことで債権を回収できるようにする権利のことである。抵当権の仕組みはすでにアンシアン・レジーム期には存在したが、制度化されたのは一七九八年のことである。抵当権のついた財産の権利移転に関する証書は、各郡庁所在地の専門の役所が管理する登録簿への転記が義務づけられたのである。通常、一九五六年までの抵当権文書は県立文書館の下位系列４Q内に保存されており、各種の登録簿が探索しやすい順序で配列されているおかげで、特定の権利移転に関する文書を完全な形で見つけることは容易である。

8 土地台帳

土地台帳《カダストル》とは、土地の所有状況を示したもので、地租の算出根拠となる。フランスではすでにアンシアン・レジーム期に、納税者間の公平を期す試みがなされていたが、全国規模の統一的かつ中央集権的な区画単位の土地台帳は、ナポレオン一世による一八〇七年九月十五日の法律によって確立された。この「ナポレオン土地台帳」は「土地区画台帳」とも呼ばれ、多くは一八二〇年から一八六〇年までの間に作成された。土地台帳はさまざまな種類の文書（区画明細書、地籍原簿、台帳地図［索引図と区画地図］）を含んでおり、二部作成され、一部（写し）はコミューンに、もう一部（原本）は土地台帳の所管機関に納められた。県立文書館に保存されているのは原本であり、下位系列３Pを構成しているが、この下位系列〔への文書移管〕は、土地台帳の刷新を定めた一九三〇年四月十六日の法律の施行に伴って完結している。この〔改革後の〕「改正土地台帳」文書群は、記号Wで示される連番系列《セリー・コンティニュ》〔基本分類表内の一区分で、内容にかかわらず受入順に請求記号が付される文書群を収める〕内に保存されている。身分証書、徴兵検査記録および新兵登録簿と同様に、ナポレオン土地台帳の図面は、現在オンラインで閲覧できるおもな資料の一つである。

Ⅳ　コミューンおよびコミューン間連合の文書館

1　コミューン立文書館の構成

地方自治体一般法典はすべてのコミューンに対して、文書群の良好な保存を義務づけている。とはいえ、実態はコミューンの規模によりきわめてまちまちである。フランス省庁間アーカイヴズ部の年次統計調査によると、二〇一八年十二月三十一日時点で、四四〇のコミューンまたはコミューン間連合《アンテルコミュナリテ》〔複数のコミューンからなる連合体。後述のEPCIをはじめ、いくつかの種類がある〕が、専用の建物と最低一名の専任職員を配した独自のアーカイヴズ機関を備え、その文書の総延長はおよそ七六七キロメートルにのぼる。もっとも、中規模の県に匹敵するようなアーカイヴズ機関を持つ大都市と、パートタイムのアーキヴィストしかいない〔小規模の〕コミューンとを同列に扱うことはできない。

専用の建物がない場合、コミューンの文書群は通常、役場の中で保存されている。一九七〇年十二月二十一日の法律（のちに、アーカイヴズに関する一九七九年の法律と文化遺産法典の中に統合され、二〇一六年七月七日の法律によって改正されることになる）により、人口が二〇〇〇人未満のコミューンは、一二〇年以上経過した身分証書および、すでに行政上の有用性がなく永久保存文書として扱われるべき五十年以上前のその他の文書については、県立文書館に寄託する義務を負うようになった（ただし、特例として除外されるか、複数コミューンからなるグループで設置するアーカイヴズ機関に納める場合は別である）。人口二〇〇〇人以上のコミューンも、もし望めば同様の措置をとることができる。したがって、コミューンの古い文書群については、その一部分が県立文書館に所蔵されており、残りはより近年の文書群とともにコミューン自身に残されている場合が多い。

加えて、コミューン間の協力に関する一九九九年七月十二日の法律は、多くのコミューン間協力公施設法人（ＥＰＣＩ）を創設した。ＥＰＣＩは、都市圏共同体、大都市圏共同体、コミューン共同体（これは増加しつつある）、または（現在最も数の多い）コミューン事務組合のいずれかの形態をとりうるとされた。これらの法人は、それ自身の文書の所有者であるだけでなく、協定を交わすことで、メンバーであるコミューンの文書を受け入れることもできる。

地方制度改革は、さらに状況を変えつつある。たとえば、すでにEPCIであったリヨン大都市圏共同体は、二〇一五年一月一日付でメトロポール〔新たに創設されたEPCIの一種で、都市広域連合体をなす〕となったため、地域内において県とまったく同じ権限を行使できるようになり、そのためアーカイヴズに関しても県と同等の責任を負うようになった。ローヌ県立文書館とリヨン・メトロポール文書館は一つの機関として統合されたが、これはフランス国内では唯一の事例である。近年の多くのコミューンの合併（二五〇〇のコミューンが七七四の新たなコミューンに再編された）は文書群の組織化や保存に多くの影響をもたらしたが、文書の散逸や破損は避けなければならない。

2　コミューン立文書館の性格

コミューン立文書館は、二部作成され県立文書館にも収められている類の文書を保存している。すなわち、教区簿冊および民事身分登録簿（これらは〔県立文書館のものと比べて〕しばしばより古く、より完全である。というのは、県立文書館のコレクションは〔身分証書の〕写しの作成が義務化されてから始まったものであり、かつ欄外注記は〔県立文書館が所蔵する〕裁判所の記録保存所のコレクションには必ずしも記載されていないため）、土地台帳、そして徴兵検査と徴募の記録である。大規模なコミューン立文書館の中には、県立文書館と同様に、こうした資料をオンラインで提供しているところもある。

さらに、コミューン独自の活動に関する文書もある。これには、（もし現代まで伝えられていれば）

コミューンの創設に関する文書（コミューン特許状、特権）、議事録簿（コミューンによっては中世にまで遡る場合もある）、そしてコミューン独自の税務関係文書がある。

現代について言えば、コミューン立文書館に保存されているのは、市長およびその事務局の書類、役場本部の各部局の文書、さらには小学校、墓地、コミューンの諸施設（博物館、図書館、社会福祉活動センター、学校公庫）といった外部部局の文書、そして選挙人名簿である。

3 コミューン間連合

ＥＰＣＩは拡大を続けているため、新たにそれらのアーカイヴズ機関も誕生している。ＥＰＣＩはおもに国土整備と公共施設を管轄しているので、その資料群もそれを反映したものになっている。

Ⅴ その他の公文書

1 地域圏

地域圏《レジオン》は、一九八三年七月二十二日の法律によって初めて完全な権限を持った自治体となり、実質的には一九八六年に機能し始めた。地域圏はそれ以降、独自のアーカイヴズ機関を備え、みずからが作成する文書をもっぱら管理している（複数の県にまたがる事務を行なう国の出先機関の文書は、県立文書館に移管される）。近年の行政改革により地域圏に付与される役割は大きくなっているので、そのアーカイヴズの重要性も必然的に増していくことになるだろう。二〇一九年十二月三十一日時点で、全国の地域圏文書館は合計で書架長一二〇キロメートル以上の文書を保存している。

2　公的医療機関

公的医療機関の法的な位置づけは多様であり、大学附属の大学病院センター、地域病院、病院公施設法人などがある。この法的な位置づけの違いによって、それらの文書の最終的な行先が決まることになる。たとえばコミューン立の施設の場合は、コミューンの文書と同じ扱いになる（コミューン立文書館での保存または県立文書県への寄託）。一方、コミューン間連合立、県立、複数県の共同運営《アンテルデパルトマンタル》、地域圏立または国立の施設の場合、自機関の資料群および、みずからが権限を引きついだ旧機関の資料群を県立文書館へ移管する。ただし、古い記録も含めみずから文書の保存を行なっている機関もあり（パリ公立病院連合など）、二〇二〇年十一月一日現在で、二十八の医療・健康機関文書館が、ウェブサイト「フランスアルシーヴ」で公開されているアーカイヴズ機関一覧に掲載されている。

いずれにせよ、病院文書館は通常、一般的な運営文書（財産証書、会計、執行部の議事録、人事書類）と、受入患者の情報（とくに入退院の記録簿）を保存している。カルテは医療機関によって最後の診察または入院から少なくとも二十年間保存され〔特定の場合にはより厳しい制約〔つまり、より長期の保存の定め〕がある〕、その後、廃棄または歴史的価値の観点から保存の対象となる。もっとも、医療部門において公的医療機関はせいぜい半分弱を占めるにすぎない。多くは民間機関である。

Ⅵ 個人・家族・団体・企業——私文書

文化遺産法典が公文書というものを厳密に定義している一方で、そもそも私文書は、公文書の定義に当てはまらない文書の総体であるとしか定義することができない。私文書の作成者はきわめて多様であり、その文書がたどる運命もまたさまざまである。公的機関に保存されるものもあれば、民間機関によって管理されるものもあるし、さらに言えば、所蔵先が〔文書の〕所有者であることもあれば、作成者であることもある。

1 家族文書

家族文書は長年、公的アーカイヴズ機関にとって優先的な収集分野であり、フランス革命期にはすでに保存が開始されていた。一七九〇年六月十九日―二十三日の命令は世襲貴族を廃止し、「いかなる市民も、教会の建造物、家族・財産に関する証書、権利証およびその他の資料を侵害してはならない」と定めたが、恐怖政治の最中に可決された一七九三年七月十七日の命令は、領主制的賦課租と封建的諸権利に関係するあらゆる証書をコミューンの文書庫に集め、「コミューン参事会と市民の面前で」焼却することを課した。並行して、国民議会は一七八九年からフランスを不在にしている亡命貴族《エミグレ》の財産の一時差押え（一七九二年二月十九日）、次いで没収（一七九二年三月三十日）を決定した。革命暦二年収穫月《メシドール》七日の法律は、歴史、学術、文芸および芸術の面で価値のある文書の保存に配慮を示しつつも、「純粋に封建的な権利証書は今後無効である」として、こうした施策をさらに推し進めた。そのため国立文書館と県立文書館は、この時代に個人や家族の証書類を大量に受け入れており、おかげで廃棄を免れたそれらの文書を現在所蔵している。引き続き十九世紀を通じて、アーキヴィストはこれらの資料群を追跡し、補完することに努めたが、その際に優先的に関心が向けられたのは貴族と上層ブルジョワジーのものであった。こうした資料群は図書館や博物館にも所蔵されている。

これらの家族文書の中には、おもに土地の権利証書、訴訟書類、そしてさまざまな権利の記録（小作人が領主に負っている賦課租と義務をまとめて記録した領主土地台帳《テリエ》など）が含まれる。領主土地台帳は、土地台帳《カダストル》の制度が確立する以前（そのためとくにフランス王国北部において）の特定の土地区画の変遷を追う際に重要な史料である。一方、家族文書には、手紙や私的な記録（家族日誌や家計帳簿）もある（これらはまとめて、こんにち「私的書類《エクリ・デュ・フォル・プリヴェ》」と呼ばれるようになっている）。これは、「制度的枠組の外で作成され、自分自身、家族、共同体についての個人的な声を伝える、あらゆるテクスト」[*2]のことである。これらの文書は日常生活についての情報を与えてくれるため、経済・社会史のみならず、感情史や個人の人格形成史を知る上でも格好の史料である。他のヨーロッパ諸国でも、私的書類には大きな関心が寄せられている。

2　個人文書

特定の人物（政治家、芸術家、発明家、軍人）の個人文書は、多くの私的書類も含んでおり、とりわけ競って収集される分野となっている。

政治家特有の事情としては、その文書群の中で公務に由来する文書と個人的な活動に属する文書の区別がしばしば微妙であるということがあり、国立文書館所蔵の資料群と直接的に補完関係にあるような資料群を管理している組織もある。たとえば、シャルル・ド・ゴール財団、ピエール・マンデス・フランス研究所、フランソワ・ミッテラン研究所、大学社会主義研究所（ＯＵＲＳ）、それに十九世紀末以降のおよそ一〇〇にのぼる資料群を保存している国立政治学財団である。保存先の機関を問わず、これらの資料群は一般的に、手紙、手稿、演説草稿、業務書類、協力者や同僚に宛てた覚書、さらに、ときには個人の手帳を含んでいる。また紙の文書に加え、しばしば写真や、近年はフィルムや録音も含まれる。こうした文書を利用する場合には、政党文書で不足を補うことも必要である（フランス共産党の資料群はセーヌ＝サン＝ドニ県立文書館に、人民共和派の資料群は国立文書館に、それぞれ寄託されている。社会主義アーカイヴズ・センター〔社会党を中心としたフランスにおける社会主義運動の文書を管理している〕はジャン・ジョレス財団のもとに置かれている）。

つねに特別な注意が払われてきたのが、建築家のアーカイヴズである。建築遺産博物館に附属する**フランス建築研究所**は、国立文書館との緊密な協力関係のもと、この分野における情報収集を全国規模で担っている。現在アルデンヌ修道院（カルヴァドス県）に置かれている**現代出版資料研究所**（ＩＭＥＣ）は、一九八八年以来、作家と出版者の資料群の収集にあたっている。

こんにちアーキヴィストは、時代の苦難の証言となる無名の人びとのアーカイヴズ遺産の保存にも関心を寄せている。たとえば、二〇一三年および二〇一四年に複数の図書館と文書館が協力して実施した第一次世界大戦の証言の「大規模収集」は、前線と銃後の日常の現実をよく伝える手紙や従軍日記を救い出すことに成功している。

3 「労働界」のアーカイヴズ

企業アーカイヴズには、企業の沿革についての情報を与えてくれる経営文書が第一に含まれる。これには、定款、取締役会の議事録、総会の記録、郵便物、社内文書などがある。また、資産（土地、建物、生産設備）についての情報を与えてくれる文書もある。生産・商用化された製品は、技術文書（特許、商標、図面、模型）や商業文書（カタログ、パンフレット、郵便物）によって知ることができるが、これらは公的な資料群（商事裁判所および産業財産権庁の文書群）の中にも多少見いだすことができる。企業アーカイヴズの中にはまた、会計関係の各種の文書（すべての取引を日付順に記載した**仕訳帳**および勘定口座ごとに集計した**総勘定元帳**、さらに**棚卸表や貸借対照表**）や、人事（とくに労働組合権の行使）に関する書類もある。

団体《アソシアシオン》(12)のアーカイヴズについては、その類型を企業アーカイヴズのそれと似たものとして考えることができる。フランスで現在活動中の団体の数は一三〇万近くにのぼると見積もられており（国立統計経済研究所のデータによる）、団体の世界はきわめて多様であるため、それらの文書群の規模や重要度も千差万別である。一九九九年にヴァル＝ド＝マルヌ県立文書館のもとに設立された**青少年・民衆教育団体アーカイヴズ保存拠点**（ＰＡＪＥＰ）の実践の例にならい、団体を類型別に整理すれば、〔各団体に〕保存されている資料群の収集と所在確認をより良く行なうことができるようになるだろう。

4　宗教

一七八九年十一月二日、憲法制定議会は「すべての教会財産は国家がその処分を決定できることとする」という命令を発した。この措置に基づき、フランスのカトリック教会の一七八九年以前の文書群は公文書として扱われており、アンシアン・レジーム期の各司教区の文書群は県立文書館に、パリの文書群は国立文書館に、それぞれ保存されている。逆に、それ以降の時代のカトリック教会の文書群は私文書とされるが、教会財産管理委員会《ファブリーク》〔教区の財産、とくに建造物関係予算の管理のため聖職者と平信徒で構成される組織〕については、一九〇五年（つまり政教分離法の制定）までは公的組織であったために、その文書群は例外である。また、今なお政教条約〔世俗国家と教皇庁の間で利害関係の調整のために結ばれる協定の総称〕の枠組のもとに置かれているモゼル、バ＝ラン、オー＝ランの三県の教会文書は、公文書として県立文書館に移管されている。

一部の司教区は、十九世紀および二十世紀の〔すなわち私文書として扱われる〕文書群の一部を県立文書館に寄託することを選択したが、大部分の司教区はみずから文書を保存しており、フランス教会アーキヴィスト協会の諸勧告に基づいて業務を行なっている。これらの文書群の中にはとくに、教区簿冊の後身であるカトリック簿冊が含まれる。

イシー＝レ＝ムリノー（オー＝ド＝セーヌ県）にある**全国フランス教会アーカイヴズ・センター**は、一九六四年に創設されたフランスの司教の合議体である司教会議の文書を所蔵するだけでなく、フランスのカトリック史に関係する文書の寄贈や寄託も受け入れている。これらの文書群の出所は、修道会、在俗信徒運動、私人などさまざまである（二〇一九年現在、書架長六キロメートル）。

プロテスタントの文書群は、より分散している。アンシアン・レジーム期の文書については、公的アーカイヴズ機関に保存されているものもある。なかでも国立文書館には、一六八五年以前のプロテスタント共同体の洗礼・結婚・葬儀に関する記録簿の大規模なコレクションがあるが、これはナントの王令〔一五九八年に発布され、プロテスタントに信仰・礼拝の自由を認めた〕の廃止時〔一六八五年〕に宗務局《コンシストワール》〔各プロテスタント教区において教会運営を担っていた半聖半俗の組織〕の文書とともに没収されたものである。一八六六年に創立されたフランス・プロテスタント史協会図書館は、寄贈によって多くの文書類、個人文書、改革派教会教区簿冊《アクト・パストロー》〔カトリックの教区簿冊に相当〕を受け入れている。

ユダヤ教およびその関係団体についても、同様に文書の所在は非常に分散しており、多くが逸失の憂き目に遭っている。

ともあれ、次のことを覚えておけば有益だろう。すなわち、政教条約の時期〔一八〇二―一九〇五年。モゼル、バ＝ラン、オー＝ランの三県に関しては現在まで〕については、宗教人や宗教組織に関する多くの書類は公的な資料群〔国立文書館所蔵の宗教省関係文書、各県立文書館所蔵の知事文書〕の中に収められているのである。

Ⅶ　諸外国におけるアーカイヴズの体制

　フランス以外の諸国におけるアーカイヴズの体制について正確で厳密な見取り図を紹介することはもちろん本書の課題ではないが、概略は示しておこう。

「公文書」と「私文書」の区別はどこでも共通であるが、公文書の定義は非常に多様であり、なかでも公的役務を担う民間の企業や組織の扱いに関してはとくにそうである（他ならぬフランスにおいても、法律上の規定はこの四十年間にわたって変化してきた）。君主制の場合、〔公的な〕国王の職務に関する文書群は〔私的な〕王室のそれとは当然、区別される。一般的に言えば、公的〔アーカイヴズ〕機関が私文書を受け入れることは可能である。

　アーカイヴズ機関のネットワーク体制は、各国の歴史と政治体制に応じて必然的に異なっている。連邦制（ドイツ、ベルギー、カナダ、アメリカ合衆国、スイスなど）をとらない場合でも、ほとんどの制度は地方自治体に大きな権限を認めている（スペイン、イタリアなど）。同時に、国レベルの法制度は、いまだに強い中央集権の伝統を持つフランスとは対照的に、地方レベルの規制によって補完され、さらには制限を受けることがある。

　フランスの場合と同様、一般的に公文書が最も脆弱な状況に置かれているのは、最小の地方単位である市町村においてである。

アーカイヴズの諸制度間における最も顕著な違いの一つは、特定の国においては、歴史文書の保存業務と、現用文書および半現用文書の統制業務とがかなり明確に区別されていることである。とくにイタリアがそうであり、統制業務は、州のアーカイヴズ機関から独立した「監督官」の専権事項となっている。

各国の中央文書館の規模はその国の歴史的経緯によってさまざまであるが、一箇所に集められることもあれば（たとえばローマにあるイタリアの国立中央文書館は、ピエモンテ家によるイタリア統一以降の文書を所蔵している）、複数の機関に分散されることもある。後者の例がスペインであり、シマンカス総文書館（一八三四年の自由主義政権より前の文書群）、マドリードの国立歴史文書館（十九世紀以降の王国行政および政府機関）、セビリアのインディアス総文書館（スペイン植民地の文書群）、バルセロナのアラゴン王国文書館（バルセロナ伯、アラゴン王、およびアラゴン王領の統治機関の文書群）、バリャドリードの王立高等法院文書館（司法関係の資料群）に分かれている。

アメリカ合衆国の国立公文書館（National Archives and Records Administration）は独立機関であるが、行政府に属している（長官である合衆国アーキヴィストは上院の承認のもと、大統領が任命する）。国立公文書館はまた、フーヴァー（一九二九年から一九三三年まで大統領在任）以降の歴代大統領経験者の関係文書を保存している十四館（二〇二〇年一月一日現在）からなる「大統領図書館（プレジデンシャル・

ライブラリー)」の組織網の管理も行なう。大統領経験者は、自身の文書群を〔みずからの名を冠した〕大統領図書館に移管することとされており、この「図書館」は文書館・図書館・博物館のいずれの性格も持つ。退任した大統領は、大統領図書館を設立するために必要な資料群を自分自身で集めなければならない。それがうまく運ばなかった場合に限って、国立公文書館が文書類を直接引き受けることになる。なお、〔フーヴァー〕より古い時代の大統領〔リンカン、ウィルソンなど〕の「図書館」もあるが、国立公文書館の管轄ではない。

ロシアでは、中央政府の最も重要な文書群を四つのアーカイヴズ機関が保存している。まずサンクト・ペテルブルクには、ピョートル大帝以降の帝政時代の文書を所蔵するロシア国立歴史文書館(RGIA)がある。モスクワには、十一世紀から二十世紀初頭までの国家文書のためのロシア国立古文書館(RGADA)、ロシア国立軍事史文書館(RGVIA)、そしてロシア連邦国立公文書館(GARF)がある。ロシア連邦国立公文書館は一九九二年に、ロシア連邦共和国国立中央文書館(一九二〇年設立)と国立中央十月革命文書館(一九二三年以来独立機関)所蔵の資料群も統合している。これらの機関はすべてロシア連邦アーカイヴズ局(Rossarkhiv)の傘下にあり、同局に統括されている。共産党文書を保存しているロシア国立社会政治史文書館(RGASPI)もここに加えることができるだろう。

原注

＊1　とくに断らない限り、鉤括弧内の定義は、二〇〇二年にフランス・アーカイヴズ局が草案を作成し、二〇〇七年にノール県立文書館がまとめた『アーカイヴズ学用語辞典〔*Dictionnaire de terminologie archivistique*〕』（フランス・アーカイヴズ局のウェブサイトで閲覧可能）による。

＊2　J.-P. Bardet, F.-J. Ruggiu, *Les Écrits du for privé en France (de la fin du Moyen Age à 1914)*, Paris, CTHS, « Orientations et méthodes », 2015.

訳注

（1）利用者の情報要求に応えてさまざまな資料の収集から提供までを行なう、図書館に類似したフランスの情報サービス機関。学校図書館や企業内の一部署などの形で置かれる場合が多い。

（2）大まかに言えば、ある単一の組織または人（＝「作成者」）が「集め、残した」文書全体のかたまりが、一つの同出所《フォン》資料群と見なされる（したがって、そこには自身が生産した文書だけでなく、受領した文書なども含まれる）。

（3）民事身分（état civil）とは個人の出生・婚姻・死亡などに関する社会的な身分情報のこと。それを記録した公的書類の総称が身分証書（acte d'état civil）である。身分証書制度の確立以前に民事身分に相当する情報の記録を担っていたのが、教会の管理する教区簿冊（教区民の洗礼、結婚、埋葬などの記録簿）である。詳細は本章Ⅲの4を参照。

（4）フランスにおいて公的文書館が受け入れた資料群は、当該文書館が準拠する基本分類表内のいずれかの系列・下位系列に分類され、それに従って請求記号が付される。例として、県立文書館の基本分類表（系列レベル）を次に掲げる。

公文書

一七九〇年以前の文書

A　証書

B　裁判所、司法

C　州行政

D　公教育、学術、芸術

E　封建制、コミューン、都市住民、家族

G　在俗聖職者

H　修道会聖職者

I　教会文書に含まれるさまざまな資料群

革命期の文書（一七九〇―一八〇〇年）

L　革命期の行政および裁判所

革命以後の文書（一八〇〇―二十世紀中葉）

K　法律、行政命令《オルドナンス》、命令《アレテ》

M　行政一般、経済

N　県の行政および会計

O　コミューンの行政および会計

P　財政、土地台帳、郵便

Q　国有地、登録、抵当権

R　軍事、戦時機関
S　公共工事、交通
T　教育、文化、スポーツ
U　司法
V　宗教
X　社会福祉・社会保障
Y　矯正施設
Z　郡庁

現代の文書（一九四〇年七月十日以降）

W　行政および司法関係文書

全期間

E　身分証書、公証人文書
H-dépôt　医療機関
ETP　公的機関・組織

私文書

F　例外的な方法で受け入れた一九四四年以前の文書
J　例外的な方法で受け入れた一九四四年以降の文書
Fi　例外的な方法で受け入れた図画的文書
AV　録音および視聴覚資料

複製文書

Mi　マイクロフィルムによる複製

Ph　写真形式による複製

Num　デジタル媒体による複製

（出典：*Abrégé d'archivistique : Principes et pratiques du métier d'archiviste*, Paris, Association des archivistes français, 2012 (3e éd.).）

（5）国立文書館の所蔵文書は、一八四一年四月二十四日の通達によって資料群《フォン》の尊重原則が打ち出される以前に、すでにドヌーらによって主題に基づいた分類が行なわれ、出所に基づく単位である資料群《フォン》の解体が進められていた。本文五十九ページにいう「今となっては修正しようのない〔当時の〕悪習」の一例である。

（6）その後、二〇一六年七月七日に文化遺産法典の改正が行なわれ、公文書の定義は次のように大きく修正された。「公文書とは以下のものをいう。（一）国、地方自治体、公施設法人および公法上のその他の法人の活動から生じる文書。議会の議事録および文書については、両議院の運営に関する一九五八年十一月十七日の行政命令により規定される。（二）私法上の者による公役務の管理または公役務の任務の実施から生じる文書。（三）公署官または裁判所補助吏の作成した原本および台帳ならびに民事連帯契約の公証された協定の登録簿。」

（7）クラウス・バルビー、ポール・トゥヴィエ、モーリス・パポンは、いずれも第二次世界大戦時の対独レジスタンス弾圧やユダヤ人迫害が「人道に対する罪」であるとして訴追された。汚染血液事件は、ＨＩＶに汚染された血液および血液製剤に端を発する国家賠償訴訟。チリの独裁政権の十四名の元高官らに対しては、ピノチェト政権下で失踪した四名のフランス人の殺害に関与した容疑で裁判が行なわれた。パスカル・シンビカングワは一九九四年のルワンダ虐殺への関与をめぐって起訴された。二〇一五年十一月のパリ同時多発テロ事件では、イスラム過激派によって劇場や複数の飲食店などが襲われ、実行犯を含め一三〇名以上の犠牲者を出す惨事となった。

（8）https://www.memoiredeshommes.sga.defense.gouv.fr/

（9）州（province）はアンシアン・レジームにおける広域行政区画で、フランス革命時に撤廃された。代わって設置されたのが県（département）であり、各県の面積は県庁所在地から馬で概ね二十四時間で到達できる範囲を基準に設定された。現在のフランスの地方行政区画は、県の上に地域圏（région）を置き、「地域圏‐県‐コミューン」の三層構造を基本とするが、本文で述べられているＥＰＣＩなどの自治体連合もあり、実態はより複雑である。

（10）県における知事（préfet）は、官選により中央政府から地方へ派遣される国家公務員であり、その補佐部局である国の出先機関が県庁（préfecture）である。

（11）土木局（Le corps des Ponts et Chaussées）はアンシアン・レジーム期から存在した中央政府の一機関で、国内の土木行政を担った。

（12）団体（association）とは、団体の契約に関する一九〇一年七月一日の法律を根拠法として結成される民間の非営利組織。趣味的な同好会から、ボランティア団体や社会活動団体まで幅広く存在し、その規模や目的はさまざまである。

第三章　アーキヴィストの使命

フランスのアーキヴィストたちは、いずれもCで始まる四つの動詞――収集する〔collecter〕、保存する〔conserver〕、編成する〔classer〕、提供する〔communiquer〕――を使った覚えやすい方法で、みずからの仕事を要約している。専門分野の違いや責任の大小にかかわらず、これら四つの行為がアーキヴィストの職務を構成しているのである。

I　職務・教育・専門職ネットワーク

1　職務と教育

一口に「アーキヴィスト」と言っても、責任のレベル、職務で求められる専門性、さらには職務上の究極的な目的（これはアーキヴィストが働く組織によってしばしば異なる）によって区別することができる。前章で紹介したような「永久保存」文書を扱う公的または民間の〔アーカイヴズ〕機関においては、その最終目標は、長期的な見地から歴史的意義を持ちうる文書を選別・特定することにある。一方、行政や私企業においては、まず経済的ないし法的な関心が優先され、〔文書〕作成者の役に立つよう情報の動的な管理がむしろ要求される（これは**レコード・マネジメント**と呼ばれる）。

しかし、いずれにせよ、フランスにおける現行の初期教育〔中等教育に引き続いて行なわれる最初の高等教育〕においては、諸外国と同様に、その前提として〔学部または準備学級[1]で〕歴史学を修めていることが〔アーキヴィストになるためには〕必須である。また、フランスの大部分のアーキヴィストのポストは公務員であるので、さまざまな公務員職員群《コール》における〔アーキヴィストの〕採用試験の結果、正真正銘の階層序列が生じている。

保存官《コンセルヴァトゥール》〔第一章訳注4参照〕は、とくに国立文書館および県立文書館の管理職ポストに就く資格を持っている。長年、アーカイヴズ分野におけるコンセルヴァトゥールの教育は**国立古文書学校**（ENC）が独占していた。一八二一年から最初の設立の試みがなされたのち一八二九年に開校した国立古文書学校は、こんにちでもなお、〔保存官になるためには〕ほぼ必ず通らなければならない道である。国立古文書学校への入学にあたっては選抜試験〔受験のためにはバカロレア合格後二年間の高等教育が必要〕が課され、その準備は、本校の受験に特化した準備学級で、あるいは高等師範学校受験のための準備と並行して行なわれる。修学期間は三年九ヶ月であり、学問的教育（古書体学、法学、美術史など）と職業的教育（アーカイヴズ学、書誌学など）の両方が有機的に組み合わされている点を特徴とする。修了論文の口頭審査に合格すると「古書体学アーキヴィスト《アルシヴィスト・パレオグラフ》」の免状が授与される。しかし、一九九〇年以降は、文化遺産保存官の採用試験は国立文化遺産学院（INP）によって行なわれている。同校は入学のための〔一般受験者を対象とした〕外部選抜試験を課す高等教育機関であり〔受験のためにはバカロレア合格後三年間の高等教育が必要〕、「考古学」「アーカイヴズ」「歴史的建造物・目録」「博物館・美術館」「科学・技術・自然遺産」の五つの専門課程を設けている（国立文化遺産学院は〔現職公務員を対象とした〕内部選抜試験も実施しており、また修復家養成のための教育も別途行なっている）。「アーカイヴズ」専攻の合格者はほぼ全員が国立古文書学校出身者である。国立古文書学校を修了すれば、国立文化遺産学院の他専攻に加え、国立図書館情報学高等学院（ENSSIB）〔同校を修了すると図書館保存官の資格が得られる〕の入学試験や高等教育資格試験（歴史学の大学教授資格《アグレガシオン》）の受験資格も得ることができる。高等教育省所管の特別高等教育機関《グラン・テタブリスマン》である国立古文書学校は、研究センターを備え、博士号の授与も行なっている。こうして同校は、歴史学的かつ科学的な省察が、より実践的な教育と不可分であるということを体現しているのである。

　行政と企業における、文書作成現場の間近でアーカイヴィングを組織的に行なうことの必要性に対する意識の高まりに呼応して、最近二十年の間に、多くのヨーロッパ諸国の古典的なモデルにならって約十二の大学に〔アーカイヴズの〕専門職修士課程が開設された。古い例としては一九七六年のオート＝アルザス大学（ミュルーズ）、アンジェ大学（一九九三年）、リヨン第三大学（一九九九年）が挙げられる。最も新しいものの一つは国立文書館のピエルフィット館の開館に合わせて開設されたパリ第八大学（二〇一三年）の課程である。これらの課程では公務員（文書研究員、文書管理事務員、保存補佐員、保存補助員）の採用試験だけでなく、民間への就職に向けた準備も行なう。概して現代のアーカイヴズに関する諸問題が優先的に取り組まれ、さらに特定の専門（視聴覚資料、労働界など）が設けられている場合もある。アンジェ大学にはアーカイヴズ学の博士課程も設置されている。国立古文書学校について言えば、（「歴史研究のためのデジタル諸技術」専攻をはじめとして）複数の修士課程が設けられている。

同時に、継続教育（社会人向けに行なわれる教育）が、文化省の文化遺産総局、国立文化遺産学院、そして全国地方公務員センターによって提供されており、一九八四年からはフランス・アーキヴィスト協会もこれに加わった。国際向けの基礎課程もあり、これは国際フランス語圏アーカイヴズ・ポータル[2]（PIAF）によってオンラインでも提供されている。

どのようなキャリアをたどるかにかかわらず、アーキヴィストはみな一九九六年に国際アーカイヴズ評議会で採択された綱領（「アーキヴィストの倫理綱領」）で謳われた共通の職業倫理によって結びついている。すなわちアーキヴィストは、文書の完全性と真正性を（とくに資料《フォン》群の尊重原則を守ることによって）保ち、みずからの関与を正当化し、法律が許す範囲内で文書へのアクセスを保証し、すべての利用者に公平にサービスを提供しなければならないのである。

2　専門職ネットワーク

アーキヴィストは人数が少なく、その職務も特殊であるため、早くから強い職業上の連帯が生まれた。

団体に関する法律（一九〇一年）が成立して間もなく、一九〇四年にフランス・アーキヴィスト友好協会が誕生した。これは一九六九年に**フランス・アーキヴィスト協会**（ＡＡＦ）となり、現在では一八〇〇名以上の専門家を擁するに至っている。当初、協会はほぼ国立古文書学校出身の保存官のみで構成されていたが、一九七〇年代以降は、この職種の目覚ましい拡大を踏まえ、あらゆる業界に門戸を開くようになっている。二〇二〇年一月一日現在、会員はおもな職務領域に対応する形で七つの分科会に分かれている。すなわち、コミューンおよびコミューン間連合（六五〇名）、企業（四〇〇名）、県（四〇〇名）、中央政府（二〇〇名）、地域圏（五十名）、医療機関（五十名）、そして大学・大学区・研究機関・学生運動（五十名）の各分科会である。

フランス・アーキヴィスト協会は、職業上の交流の場の提供、出版物の刊行、研修センターの運営を行ない、さらに（法改正などの）情勢によって必要が生じた場合にはアーカイヴズとアーキヴィストの利益保護に努めている。また諸外国にも全国的なアーキヴィストの協会は存在しており、**国際**

アーカイヴズ評議会（第一章参照）の専門職団体分科会には八十の団体がメンバーとして参加している。

また、さまざまな教育機関の卒業生が団体を結成している。たとえば一八三九年に設立された古文書学校協会〔国立古文書学校の卒業生の同窓団体〕は専門職団体であると同時に学術的な性格も備え、フランス史研究の主要雑誌の一つである『古文書学校図書館』誌を発行している。それ以外にも、おもな〔アーカイヴズ学課程を持つ〕大学の学生団体が集まって一つの連合体を形成している。

国際交流は、おもに国際アーカイヴズ評議会のもとで行なわれているが、それ以外にも、政情不安定な国ぐにのアーカイヴズ遺産の保護活動に携わっている「国境なきアーキヴィスト団」（一九九八年設立）や、「武力紛争の際の文化財の保護に関する条約」（ハーグ条約、一九五四年）に基づいて文化遺産の保護救出活動を行なう非政府組織である国際ブルーシールド委員会（一九九六年創設）の活動の一環としても行なわれている。フランス・ブルーシールド委員会は二〇〇一年に組織され、本部は国立文書館に置かれている。

II　アーカイヴズ遺産の形成——収集と評価

現代社会で生み出される文書の分量は増加し続けており、保存に伴う物理的な収容能力の点で、またとりわけ、必要な時に適切かつ確かな情報を見つけることができるかという点で、二重の脅威となっている。それゆえアーカイヴズにおける収集は、作成された文書に対する厳密な分析に基づいて行なわれることになる。これが文書の**評価**、すなわち短中期的な有用性と長期的な歴史的意義を見極め、その結果を踏まえて〔文書の〕適切な最終処分を決定する作業である。

フランスでは、公文書の収集は文化遺産法典によって厳密に規定されている。すなわち、行政機関は歴史的な性格を持つ文書をしかるべきアーカイヴズ機関へ移管する「義務があり」、いかなる文書も、評価の最終責任を負うフランス・アーカイヴズ局〔現在はフランス省庁間アーカイヴズ部。以下同様〕の代表から事前に承認を得なければ、廃棄することができない。

1　三段階理論

評価は、アーカイヴズの歴史の中では比較的最近、つまり作成された大量の文書が保存収容能力の限界を大幅に超えたことを受けて登場した概念である。評価は「三段階理論」に基づいているが、これはアメリカのアーキヴィストであるセオドア・R・シェレンバーグが一九五六年に著書『現代のアーカイヴズ――原理と技術』で述べたものを、一九六一年にフランスのアーキヴィスト、イヴ・ペロタンが取りあげて〔フランスで〕普及させた理論であり、文書のライフサイクルの三つの段階を定義している。すなわち、文書を作成・受領した部局・機関・組織の活動において、日常的かつ頻繁に利用される「現用文書」、〔現用段階を過ぎて〕行政的または法的な必要性から一時的に保存される「半現用文書」、そして〔保存か廃棄かという〕選別を経たのちに、管理や権利証明の必要から、または研究のための歴史的記録として保存される「永久保存文書」である。

三段階理論は、文書作成機関において組織的にアーカイヴィングを行なうことの必要性を強調する。三段階理論は、文書作成機関内部におけるアーキヴィストの積極的な関与を促し、「管理表」（「レコード・スケジュール」「保存カレンダー」などの呼び方もある）[3]の、ほとんど徹底的と言える詳細化をもたらした。これは、ある機関や組織が作成する文書〔の一覧〕、それらの文書が管理上および法律上必要とされる期間（「行政利用期間」）、そしてこの期間終了後の最終処分（すなわち全部保存か、全部廃棄か、合理的または無作為な方法による一部選別か）について定めたものである。

二〇〇八年の文化遺産法典の改正によって、公文書のうち現用文書および半現用文書については、省令によって認可された民間の委託業者に預けることが可能になった。二〇二〇年一月一日現在、紙媒体の文書の保存を行なう三十二の業者と、デジタル媒体の文書の保存を行なう十七の業者が、それぞれ認可を受けている。

三段階理論はつねに利用されつつも、繰り返し批判もされてきた。多くの場合、文書のライフサイクルは、（文書を作成した組織にとっての有用性である）「一次的」価値と、（一般に歴史的な）「二次的」価値にそれぞれ対応する二つの段階しか経ないのである。三段階の区切りについては、物質的な理由

（文書作成者における場所の不足）から否応なく決定されることも多い。また、デジタル環境は、どの時点で文書に対する責任が発生するのかという問題をあらためて提起することにもなった（それゆえ、各省庁に派遣されているフランス・アーカイヴズ局の文書専門派遣職員《ミシオン》が実践しているように、文書作成者の間近で組織的に収集を行なうことが重要なのである）。

2 電子文書

アーキヴィストたちは当初から、情報に直接アクセスが可能な支持体、つまり石、パピルス、羊皮紙、蠟、紙などを扱ってきた。情報処理技術の登場によってこのような職業実践は一変し、かつてアーキヴィストが経験しなかった、間違いなく最大の職業上の大変革が起こっている。

- 二進法システムによってコード化された情報を人間が再現するために、今やコンピュータおよびソフトウェアによる技術的な媒介が必須となった。それを行なうためには、情報それ自体（「データ」）を保存するだけでは十分でなく、「メタデータ」、つまりデータの性質やデータがどのように構造化されているかを理解できるようにするための情報も用意しておく必要がある。
- 物理的な保管場所の飽和は、もはや制約条件ではなくなった（デジタルデータの急激な増加によってサーバが一杯になることはあるとしても)。
- 文書の作成が容易になったため、その数は次第に増加し、ときとしてわずかな違いしかない複数の版が同時に存在するようになった。また修正作業も楽になったため、どれが有効な版なのかを見極めることが難しくなった。

ボーン・デジタル文書(直接コンピュータ上で作成され、必ずしも紙媒体の作成が伴わない文書)にまつわる問題と、既存の紙文書のデジタル化にまつわる問題は、ときに一致することがあるとしても、混同されてはならない。多くの組織が、電子版のみの保存で済むよう、大量の「紙の」ファイルをデジタル化することを望んでいる。少なくとも短期的には、電子版の保管はより安価で済み、閲覧もより容易なのである。

一般的に**文書管理システム**(GED)は、組織の日常業務の簡便化のみを目的として使われるものであり、文書の保存、とくに長期保存のための必須条件についてはまったく考慮されない。逆に、**電子アーカイヴィング・システム**(SAE)は、データに関して、完全性(改変されてはならないこと)、セキュリティ(自動デュプリケーションと二箇所での分散保存)、永続性(長期にわたる可読性と活用可能性)、追跡可能性(データの証拠価値の根拠)、そして機密性を担保するものでなければならない。これを実現するため、フランス・アーカイヴズ局は**アーカイヴィングのためのデータ交換標準**(SEDA)を策定し、それによって、文書作成機関、アーカイヴズ機関、利用者の間で行なわれうるさまざまな処理を、デジタルデータのアーカイヴィングの一連の流れとしてモデル化することが可能となった。この標準は現在、フランスの行政情報システムが従うべき大原則を定めた「相互運用性のための一般参照基準」に統合されている。

しかし電子アーカイヴィング・システムは、このような技術的側面に限定されるものではなく、その前提条件として、厳格な情報管理政策の実施も含んでいる。デジタル技術の急速な発達は、その点におけるデータ作成機関の不備を明らかにした。また、「紙の」ファイルの無秩序な山も編成が困難であるが、情報ネットワークに詰め込まれた電子ファイルの特定と組織化は、より厄介な作業である（アーキヴィストが迅速に介入しなければ、機器の陳腐化が不可避的に情報の喪失をもたらしかねないため）。そのため、アーキヴィストたちは現在、（会計や調達など）行政的・法的に有効性の高い大規模なアプリケーション・ソフトウエアの実現に注力している。

文書の爆発的増加の問題の解決からはほど遠い現状においては、電子行政の拡大によって、「紙かデジタルかという」支持体の違いを問わず、現用文書および半現用文書の効率的な管理システムの実現がますます喫緊の課題となっている。

3　レコード・マネジメント

通常、現用文書と半現用文書の管理は文書作成機関の内部で行なわれるが、これはフランスにおいても〔英語で〕「レコード・マネジメント」という用語で呼ばれる。その指導原則はＩＳＯ１５４８９によって国際的に定められている。ＩＳＯ１５４８９はオーストラリアの国家規格を元に二〇〇一年に発行され、早くも二〇〇二年からはフランス規格協会（ＡＦＮＯＲ）によりフランス国内で配布されている。文書作成者（公的機関であれ民間であれ）とアーキヴィストの両方を対象としたこの規格は、文書の追跡可能性の整備、信頼できる文書を情報システムが作成しているかどうかの確認、そして文書作成者の責任の明確化を最小限のコストで可能にするものであり、とくに、組織の機能〔第一章訳注10を参照〕の検査、各種の活動に対応してそれぞれ作成されるべき文書の定義、そして文書の不作成と散逸に関するリスクの分析が重視されている。そのため、アーキヴィストは、自分が勤務する組織の状況と活動を把握するために、しっかりとした実地調査を行なわなければならない。ＩＳＯ１５４８９は、その後登場したいくつもの規格によって、詳細化と補足がなされている（レコード・マネジメントに関係する諸要件を整理しているＩＳＯ３０３００のシリーズ、電子記録管理のためにＥＵが策定した標準であるMoReq2など）。

フランスの行政に関しては、**公文書管理のための一般参照基準**（Ｒ２ＧＡ）が二〇一二年にフランス省庁間アーカイヴズ代表部によって発表されている。その目的は、行政各部門に対して責任感を喚起し、アーキヴィストに不可欠なツール〔監査項目表、仕様書の書式など〕を提供することである。

4　選別に関する諸規則

現代の状況は、どちらかといえば情報の過多を特徴とするため、情報の唯一性を絶対視する必要はないことが多いが、とはいえ文書の保存・廃棄に伴う責任は、おそらくアーキヴィストにとって最も重いものの一つである。アーキヴィストによる選択は、書き記された記憶を「作りだし」、将来可能な研究を決定することにつながる。したがって、研究者が「本質的な文書」の選別に関わりたいと望むのは自然なことである（もっとも、次の段階として、〔研究者の〕個人的な関心に基づく選択と、より集団的な手続きによる選択とを区別することは非常に難しいのだが）。そして、これまでの実践から得られた一つの教訓を、各規格が明確化しつつ普及に努めている。それは、機能分析と作成者分析に基づき、構想・評価に関わる文書（高い決定レベルに関わるため重要である）と、実施文書（数が多く繰り返し同じものが現われる）を区別するというものである。

このうち後者〔実施文書〕については、アーキヴィストはさまざまな種類のサンプリング〔一定の基準で文書を抽出する機械的な選別法〕を実施することができる。アルファベットによるサンプリング（たとえば学術的な検討や経験的な考察を経て選ばれた、一文字または複数文字で始まる姓を持つ個人ファイルをすべて保存すること）および時系列的なサンプリング（たとえば特定の数字で終わる年のものを保存すること）は、こんにちでは避けるべきである。というのは、こうした方法は元の書類の総量を考慮に入れないため、結果として、大きな欠落が発生したり、逆に、保存すべき数量が多すぎたりすることになりかねないからである。そのため、二〇一四年にフランス省庁間アーカイヴズ代表部が発行した「公文書の評価・選別・サンプリングに関する方法大綱」は、〔サンプリング前の〕当初の数量との比率に基づき、かつファイルが性質上どの程度反復的なのかも踏まえた、「体系的な」方法によるサンプリングを推奨している。なお、この方法は、例外的な場合に対応できる質的選別と組み合わせて行なわれるべきである。たとえば、すぐれた建築物の建設許可証、判例を変えたり大きな反響を呼んだりした裁判ファイル、重要な年（紛争、選挙など）に関する特定のファイルなどを保存しておくことは、意義深いことである。

以上のような手続きを最も適切に行なうため、アーキヴィストたちは、文書作成組織および潜在的な文書利用者（歴史家、社会学者、法律家など）と、可能な限り対話を続けている。ともあれ、文化遺産法典は、あらゆる公文書について、フランス・アーカイヴズ局（各県においては県立文書館長によって代理される）から規則に基づく承認を得ずに廃棄することを禁止している。

いずれにせよアーキヴィストは、責任を持って廃棄を実行し、かつそれを正当化できなければならない。

5　私文書の収集

公的アーカイヴズ機関による私文書の収集は、他のアーカイヴズ機関だけでなく、図書館、博物館、それに民間の財団とも競合する関係にある。

現在、フランスの法律は複数の〔文書〕受入の方法を認めている。有償による**買入れ**、**手渡し贈与**、公正証書に基づく**生前贈与**、そして**遺贈**によって、文書の所有権はしかるべき機関へ移転される。また、国が認めた場合に限り、個人が特定の税金（相続税、連帯富裕税〔一定額以上の資産について課される税。二〇一八年に廃止され、不動産富裕税に置き換えられた〕）を歴史的価値の高い文書によって支払う**代物弁済**が行なわれることもある。また、個人が文書をどこかの機関へ**寄託**することもありうる。この場合、当該個人は所有権を保持し、本人または相続人がいつでも取り返すことができる。寄託はこのように不安定な方法なので、現在も活動実態のある法人（企業、団体）や、例外的な価値のある個人文書または家族文書についてのみ検討されるべきである。

公的機関による私文書の収集は、その地理的な由来、独自性、内容を考慮して適切な文書受入を行ない公文書を補完するという観点から、厳格な研究プロジェクトの一環として位置づけられなくてはならない。目的はただ一つ、保存に値する文書は保存されなければならないということであり、無用な競合を避けるために関係機関同士が賢く協力することが不可欠である。

国はまた、危険にさらされていると考えられる私文書を保護するために、いくつかの例外的な措置を講じることもある。たとえば、競売（最も高い値段をつけた者が購入する）の際の**先買**（優先的な買取権）によって公的コレクションへの文書受入につなげることや、**輸出規制**（許可証の発行による。さらにEU域外へ持ち出す場合は認可も必要）を行なうことができる。また、建造物や物品の場合と同様に、**歴史文書指定**を強制的に行なうことで、その文書には時効が適用されなくなり（つまり盗難の場合には〔いつでも〕返還請求が可能となる）、フランス国外への持ち出しを禁止できるようになる（展示のための一時的な持ち出しなどは例外である）。もっとも、この強権的な措置は一九七九年以降行なわれていない。通常、歴史文書指定は所有者からの請求に基づいて行なわれ、件数も少ない（一九四〇年から二〇一九年までに約六十件）。

そして、調査の結果、文化遺産法典でいうところの公文書が民間保有または国外にあることが判明した場合には、国は**返還請求**を行なう権限を有している。中には、公的な性格が明らかである文書（公証人文書の原本、教区簿冊など）もあるが、そうでない場合には訴訟に至ることもある。善意の所有者は、自身の占有する文書が公文書としての性格を持たないことを確認したい場合、アーカイヴズを所管する行政当局に判断を求めることができる。

Ⅲ　保存――予防と修復

「予防は治療に優る」という諺は、とりわけアーカイヴズに当てはまる。実際、文書遺産の保存にあたっては、まず予防措置が施される。予防措置は、事後の修復よりも効果的かつ安上がりなのである。

1　予防的保存措置――建物と設備

文書館の建物は、保存（温度、湿度）、安全（災害からの保護）、警備（入室管理）に関して特別な規則を定めていなければならない。その必要性は非常に早くから認識されてはいたが、実践されるようになるまでには時間がかかった。中世と近世においては、大規模な文書庫は既存の建物の中に設置されたのである（「文書の宝物庫」が置かれたパリのサント・シャペル、カスティーリャ王国のシマンカス要塞など）。一方、一七三一年から一七三四年にかけてフィリッポ・ユヴァッラによって建てられたトリノの宮廷文書館は、ヨーロッパにおいて文書館に特化した最初期の建物の一つである〔第一章Ⅲの2を参照〕。ヨーロッパの他の地域では、十九世紀に国家機関のための専門の文書庫が初めて登場した

（一八五一年に建設が開始されたロンドンのパブリック・レコード・オフィスや、ナポレオン一世が構想した文書宮の計画放棄後にルイ＝フィリップとナポレオン三世の治下で実現したパリの国立文書館の「大文書庫《グラン・デポ》」など）。

フランスでは当初、県立文書館は、例外としてウール県立文書館（一八五九年）とジロンド県立文書館（一八六六年）を除き、他の用途のための建物（とくに修道院、監獄、学校）内に置かれ続けた。時代を画する新建築を建設する広汎な動きが見られるのはようやく一九五〇年代に入ってからであり（ルーアンにあるセーヌ＝マリティム県立文書館の高さ八十九メートルの塔［一九六五年］など）、この動きはいまも続いている。ただし、アヴィニョンの旧教皇庁宮殿内に置かれ続けているヴォークリューズ県立文書館は例外と言える。今では著名な建築家たちが、こういった施設の建設に関心を抱くようになっている。

あらゆる文書館の建物は、その規模にかかわらず、いくつかの明確に区分された空間を備えている。一般的に保存書庫は延床面積の三分の二を占め、作業空間（事務室、移管資料の受入室、編成作業室）および公開区域（文書閲覧、展示、社会科見学のための）がそれに加わる。アーカイヴズ機関がどれほどの利用者を引き寄せられるかは、ひとえに最後に挙げたこれらの〔公開区域における〕諸活動の成功にかかっている。

書庫は、とりわけ温湿度の変化から文書を守るため（温度は摂氏十六度から二十二度または二十三度、湿度は温度に応じて四十五パーセントから五十五パーセントの範囲内に収まっている必要がある)、厳格な技術規格(アーカイヴズ文書の保管に関するISO11799)に適合していなければならない。自然光は完全に避けるべきである。文書は、できるだけ形状の合った中性紙の箱に収め、箱の中では中性紙のフォルダーに入れておく必要がある。市販のビニール袋による保存は、個人ではしばしば行なわれるが、〔文書館では〕絶対に行なってはならない。大判の文書(地図、図面、ポスター)には特殊な保存用什器が使われる。写真、録音映像資料、電子ファイル〔の保存媒体〕に対しては、特別な温湿度の条件が適用される。

2　修復的保存措置

劣化したアーカイヴズ文書の修復にあたっては、美術品の場合と同様の一般原則に従うことになる。処置はできるだけ控えめにし、かつ元の文書の状態が識別できるよう〔処置を行なった部分は〕見分けられるようにしておく必要がある。文書は完全なまま〔つまり欠落なく〕残し、その真正性を保たなければならない。またとくに、修復処置は可逆でなければならないが、その理由は、時間の経過とともに修復箇所が不安定になった場合や、技術や研究の進歩が新たな処置の検討を可能にした場合に備え、修復前の状態に戻せるようにしておくためである。文書の修復は、きわめて多様な判型や支持体(パピルス、羊皮紙、紙、さらには封蠟、プリント写真、ガラス乾板、ネガ、録音映像記録など)に対応できなければならない。また、あらゆる修復処置は、どんなに最小限のものであっても、専門家のみに任せるべきである。

3 マイクロフィルム化とデジタル化

原文書のイメージを別の支持体（二十世紀中葉からはマイクロフィルム、一九九〇年代からはデジタル媒体）に移す選択肢は、世間では保存場所の不足問題に対する解決策と見なされることが多い。しかし、いかなる場合であっても原文書は保存されなければならない以上、実はそれはまったく解決策にならない。原文書のみが、その真正性を示すことができるのである。そのうえ、マイクロフィルムやデジタル画像の長期保存には、紙や羊皮紙の場合よりも大きいとは言わないまでも、それと同程度の制約がある。この問題については、フランス・アーカイヴズ局は専門施設として**国立マイクロフィルム・デジタル化センター**をサン＝ジル（ガール県）のドメーヌ・デスペランに設置している。

したがって、アーキヴィストが言うところの「代替媒体」は、あくまで原文書を保存した上で、提供を容易にするために、さらにデジタル化の場合はインターネット上で大規模な公開を可能とするためにのみ、利用される（二〇一八年十二月三十一日現在、四億四千万の文書がフランスのアーカイヴズ機関によってオンラインで提供されている）。

Ⅳ　編成と検索手段

1　編成

編成は長年、アーキヴィストの最も高度な職能と見なされてきた。編成とは、未整理で利用もままならない文書の山を、論理的に一貫した同定済みの資料群《フォン》にまとめ上げる作業であり、立派な印刷媒体の検索手段を公刊することで、その著者の学識を示すものであったからである。しかし最近四十年の間、同時代文書の収集と文化活動の拡大によって、アーキヴィストの職務ヒエラルキーにおける編成の比重は大きく低下している。とくに、最も学問的厳密さが要求されると考えられる古い時代の資料群は概ね編成が終わっており、印刷媒体の目録もすでに電子媒体に取って代わられているため、なおさらである。一方、この点についてのアーキヴィストの言い分に、相反する感情が認められないか考えてみる余地はあるだろう。つまり、アーキヴィストが、編成を行なうための時間がもはや十分に確保できないという嘆きを口にした場合、知的要求が高く物理的にも不快な仕事を避けることができるという安堵感を多かれ少なかれ自覚しており、ときにそれを隠しているのである。ともあれ、アーカイヴズの編成が、収集に意義を与える基礎的な作業であることに変わりはなく、〔編成に際しての〕優先順位の決定は真の学問的課題である。なぜならば、アーキヴィストが行なう選択は、収集や評価と同様に、歴史研究の可能性を直接的に左右するからである。

編成作業は、物理的にも知的にも、「資料群《フォン》の尊重」原則（第二章Ⅰを参照）を遵守して行なわれる。同一の資料群の内部では、論理的にファイルを配列し、元の〔文書〕使用者による構成を可能な限り再現しなければならない。そのため、アーキヴィストは謙虚な態度で〔資料群内部の〕当初の構成を理解するよう努めるべきであり、みずからの見解を押し通してはならない。そのようにして、アーキヴィストは順次、以下のとおり段階的な「編成のレベル」を設定していく。**サブ資料群《フォン》**〔sous-fonds〕は、作成者内部の特定の組織（たとえば、ある企業における取締役会）に対応する。**シリーズ**〔série organique〕は、同一の活動に由来するか、同一の機能を持つか、同一の形式をとる、ファイルまたはアイテムを集めたものである（取締役会議事録、報告書など）。**ファイル**〔dossier〕は記述の基本単位になることが多い〔日本でいう一件書類に近い〕。**アイテム**〔pièce〕は「物理的・知的に分割不可能な最小単位」である。一通の手紙、一冊のノート、一冊の記録簿、一葉の写真、一点の録音映像記録などがアイテムに相当しうる。[4]

この同定作業を通じて、〔所与の資料群内部の〕ファイル群の論理的な順序を決める**個別分類表**〔第二章Ⅰの4を参照〕と、それに基づく物理的な配置方法を定めることが可能となる。個別分類表は文書群それ自身の性格から決まるものではあるが、同種の資料群に対しては、共通の個別分類表モデルを適用しても良い。たとえば家族文書については、家族全員に関係する全体的な文書、個々人に関する文書、家計文書、数世代にわたる訴訟文書、そして財産の権利証を、それぞれ区別するのが通例となっている。同じように企業の資料群については、設立、経営、会計、人事、生産物、商業活動のそれぞれに関係するファイル群を順番に分類していくことになるだろう。

各ファイルの中では、アーキヴィストは内部的な選別（重複文書の廃棄）と若干の物理的な処理（ファイル内部を区切るフォルダーのつけ替えや追加、錆びるおそれのあるホチキス針やクリップの除去）を進め、次に参照のための番号（**請求記号**）を付与して**検索手段**〔次節を参照〕との関係づけを行なう。

2　検索手段

保存された文書群についてリストを作成する必要性は、たいへん早い時代から認識されていた。たとえばフランスでは十三世紀後半、フィリップ端麗王〔四世〕がアーキヴィストのピエール・デタンプに、文書を「すばやく見つける」ための必要な手立てを講じるように命じている。こんにち残されている最初期の目録は中世にまで遡る。それらの目録には一般的に、文書の簡潔な説明（これをアーキヴィストは、内容の詳細さの程度によって**標題**《アンティテュレ》または**要約**《アナリーズ》と呼んでいる）、日付、そして収められている書架または箱の番号が記されていた。アーカイヴズ学の進展とともに、リストはより正確かつ完備したものに改良されていったが、その場合、記述は文書単位で行なわれることもあれば、いくつかの文書をまとめたファイル単位で行なわれることもあった。これらのさまざまなツールこそ、「**検索手**

段〔instrument de recherche〕」という包括的な表現が意味するものである。したがって検索手段は、ある文書群についての記述《デスクリプシオン》をすべて集めたものであると言える。検索手段は紙の冊子体の形（手稿、タイプライター、印刷）をとることもあるが、最初からデジタル形式（データベース、特定のエンコーディング方式で構造化されたファイル）で作られることも次第に増えてきている。

〔検索手段における〕記述の詳細さは、どのレベルで編成を行なうかによって決まる。アーカイヴズの記述は実際、資料群《フォン》（たとえばX社の文書群）のレベルに対してのみ行なうこともできるし、〔その下のレベルである〕シリーズ（たとえばある期間における取締役会議事録）やファイル、さらにはアイテムのレベルで行なうこともできる。この選択によって、想定される検索手段の種類が決定される。フランスでは、物理的に閲覧しやすい単位であるファイルのレベルで記述を作成するのが一般的な慣行であり、これが**ファイル目録**《レベルトワール》である。ファイル目録は連番的《ニュメリーク》（箱が論理的な順序に並んでいる場合に、箱番号順に配列する方法）でもありうるし、体系的《メトディーク》（資料の分量が大きすぎる、すでに出版物の中に参照番号として掲載されている、などのさまざまな理由により番号修正ができなかった場合に、番号順でなく知的に適切な順序で配列する方法）でもありうる。これに対して、**アイテム目録**《アンヴァンテール》ではアイテム単位で記述が行なわれる。

アーキヴィストたちは歴史研究上の必要性から、同じ問題に関係する史料を特定する手引きとなる検索手段を、定期的に発表している（たとえばフランス・アーカイヴズ局による『第二次世界大戦の史料』

〔一九九四年〕、『黒人奴隷売買・奴隷制・奴隷制撤廃の史料』〔二〇〇七年〕などのガイド類）。インターネット上のウェブサイトの発達は、このような方法論的なツールの編集とアップデートをいっそう容易にしている。

検索手段の種類や物理的形式を問わず、その記述要素は不変である。網羅的な記述を可能にする二十六の要素一覧について、国際的な合意がなされている（ＩＳＡＤ（Ｇ）、一九九四―一九九九年）。とはいえ、それらのうちつねに必須な要素は一部のみであり、なかでも重要なのは請求記号（参照番号《レフェランス》）、ファイルや資料群《フォン》の名称（標題《アンティテュレ》）、記述対象の中に含まれる最も古いアイテムと最も新しいアイテムの日付（両端日付）、そしてもちろん「作成者」である。作成者が必須なのは、それによって編成の方法が決まるためである〔原則として作成者の単位で一つの資料群《フォン》が構成されるため。第二章Ｉを参照〕。

同様に、補足的な三つの標準が、アーカイヴズ作成者（ＩＳＡＡＲ（ＣＰＦ）、一九九六―二〇〇四年）、団体の諸機能（ＩＳＤＦ、二〇〇八年）、アーカイヴズ所蔵機関（ＩＳＤＩＡＨ、二〇〇八年）のそれぞれについて、統一的な記述法を定めている。デジタルデータの国際的な交換が行なわれる現在の状況において、これらのさまざまな標準は不可欠な性格を持っている。

3 記述の交換

インターネットとオンライン閲覧の爆発的増加の時代にあっては、異なるアーカイヴズ機関によって作成された検索手段は、一貫性と相互運用性〔異なったシステム間でデータ交換が可能であること〕を担保するために、同一の構造をとる必要がある。

国際アーカイヴズ評議会が策定した各種の標準のおかげで、記述要素の絞り込みと定義がなされた。また、これらの標準と並行して、アメリカのアーキヴィストたちは、アメリカ・アーキヴィスト協会とアメリカ議会図書館の後援のもと、XML〔マークアップ言語の一種〕に準拠したデータのエンコーディング形式であるEAD（Encoded Archival Description）を開発し、記述の構造化を可能にした。EADはISAD(G)に完全な互換性を持っているため、現在アーカイヴズ機関のみならず、検索手段を作成する必要のある図書館にとっても、実質的な標準として認められている。別のエンコーディング形式であるEAC-CPF（Encoded Archival Context）は、〔アーカイヴズ作成者についての記述標準である〕ISAAR(CPF)に適合した形式でアーカイヴズ作成者を記述するためのものである。

フランス国立公文書館は、ピエルフィットの新館の開館以来、利用可能なすべての検索手段を一つの検索要求で横断検索できる**仮想目録室**(5)を〔オンラインで〕提供している。また、フランス国立図書館は、所蔵する私文書に含まれる手稿類の記述のためにEADを採用している。同様に、複数機関の共通ポータルサイトも実現している。フランス省庁間アーカイヴズ部が構築している**フランスアルシー**

ヴ[6]〔〔FranceArchives〕では、フランス国内の八十以上のアーカイヴズ機関によって作成された多数の検索手段の〔横断〕検索がすでに可能である。さらに**アーカイヴズ・ポータル・ヨーロッパ**[7]は、国を超えて同じことを実現しようとしている。類似のサービスを、とくに家系調査を行なう人びとのために提供している私企業もある。

　こうしたオンライン目録は、文書のデジタル複製を伴うため、長きにわたって閲覧室の中でのみ利用が可能であったアーカイヴズの閲覧のあり方を根底から変容させつつある。

V　提供

1　アーカイヴズへのアクセス

公文書への自由なアクセスは、前述の革命暦二年収穫月《メシドール》七日の法律〔第一章Ⅳの1を参照〕の第三十七条で謳われたものであるが、二〇〇八年の法改正によって文化遺産法典に取り込まれ、「公文書は（中略）当然の権利として閲覧が可能である」と定められている。また、二〇〇〇年七月十三日の欧州評議会の勧告でも「公文書へのアクセスは権利である」と明言されている。

幅広いアクセスを禁ずるために多数の文書群が囲い込まれたり廃棄されたりしている事実が示すと

おり、この原則を認めることはこんにちでもなお抵抗を引き起こすが、それでもやはりこの原則を強調することは重要である。

とはいえ、特定の公益（国防、外交、治安）または私益（個人情報の漏洩、産業・商業上の秘密）を正当に保護するため、文書への即時のアクセスは必ずしも認められるわけではない。したがって、アーカイヴズへのアクセスに関するあらゆる制度は、相反する二つの要請の間で均衡点を見いださなければならない。これは、現代史研究者とアーキヴィストの間で必然的に論争を呼び起こす一つの政治的な選択であり、ときにアーキヴィストは、制限する側に加担しているとして非難されることになる。そのため大多数の国は、自由閲覧の一般原則を認めるか、大部分の文書について共通の非公開期間（二十年から四十年）を設けるかした上で、〔文書によっては〕特定の年限を設定する、という形をとっている。

フランスの場合、現在は自由閲覧が原則であるが、多くの例外も存在する。とくに、国防上の秘密、国の外交上の基本的利益、公安・治安、私的生活の保護といった事柄に関する文書、そして自然人の財産に関する判決や評価を含む文書がそれに該当する（五十年）。裁判ファイル、司法警察の捜査記録、公証人文書の原本および目録、出生証明書、婚姻証明書は、七十五年が経過しないと閲覧できない。性的暴行および未成年に関係する裁判ファイルおよび警察の捜査記録は、より長い期間保護される（この場合は一〇〇年）。医療上の秘密によって保護された文書は、当該人物の出生から一二〇年または死亡から二十五年経たないと閲覧できない。これらの措置は、可能な限り幅広いアクセスの保証に腐心はしているが、実際の運用にあたっては不可避的に困難を引き起こす。とりわけ、私生活の保護の厳密な範囲を定める難しさや、一つのファイルが非公開期間の異なる複数の文書から構成されている場合（ファイルは、その〔全体ではなく〕一部分のみを閲覧するだけではほとんど意味がないため）が挙げられる。

さしあたり閲覧が不可能な文書であっても、保護された情報は記載しないという条件のもと、検索手段の中には記述されなければならない（当然、その検索手段の求める詳細度に応じた形で）。そうすることで、利用者が例外的な閲覧許可（「特例《デロガシオン》」と呼ばれる）を申請する余地を残すことができる。この特例は、文書を作成した当局の許可を得た場合に限り、当該文書館の所管官庁（文化省、国防省、または外務省）によって認められるものである。申請が却下された場合、申請者は**行政文書アクセス委員会**（CADA）に申し立てを行なうことができる。しかし、このような例外的な閲覧方式は、柔軟であるという利点はあるものの、つねにある程度主観的な判断によらざるをえないという危険性がある。したがって、利用者とアーキヴィスト双方にとって最も快適な解決策は、法的な年限にもはや意味がないと見なせる種類の文書を、法律や命令によって早期公開するという方法だろう。たとえば、二〇一九年九月には、アルジェリア戦争時のモーリス・オーダンの失踪[8]に関する文書類が、首相発の命令に基づいて公開されている。

さらに、国防に関係する情報を含む文書類は**秘密指定**の対象になりうる（〔秘密性の高い順に〕「機密〔très secret défense〕」「極秘〔secret défense〕」「秘〔confidentiel défense〕」）。その場合、個別の特例を除いて、たとえ自由閲覧になる年限が満了していても、事前に**秘密解除**がなされないと閲覧は不可能である。しかし、この点はしばしば問題視されており、二〇二〇年には〔フランス・アーキヴィスト協会や歴史家団体などによって〕国務院に異議申し立てがなされた。

そして、二〇〇八年の法改正は「閲覧を認めることで、核兵器、生物兵器、化学兵器の、考案、製造、使用、位置特定が可能となる情報を拡散しうる」文書や類似の影響を持つ文書へのアクセスを全面的に禁止した。この措置は、大量破壊兵器の拡散防止に関する国際連合安全保障理事会決議一五四〇〔二〇〇四年四月二十八日〕には適合しているが、文書へのアクセス禁止は一定期間に限るべきであるという欧州評議会の勧告とは相容れない。

公的機関に保存されている私文書に関しては、非公開期間はもっぱら寄贈者または寄託者の意思で決まる。とはいえ、「可能であればその都度、必要な変更を加えた上で、私文書の閲覧条件を公文書のそれに一致させる」（欧州評議会の勧告より）ことを〔寄贈者や寄託者に〕納得してもらうことが本当は望ましい。

ある文書が閲覧可能であることは、オンライン公開できることを自動的に意味するわけではない。閲覧可能な個人データがウェブ上で行き交うことは、私生活を脅かしかねないからである。行政文書に関しては、二〇一八年十二月十日の政令によって年限が定められている。つまり、自由閲覧が可能になると同時にオンライン公開も可能であるが、当該文書が一九七八年一月六日の法律で定められている機微情報を含んでいる場合は別であり、その場合、〔オンライン公開の〕保護期間は最低一〇〇年となる。また、裁判所に属する文書（とくに公証人文書原本および身分証書）の〔オンライン公開の〕条件については、**情報処理および自由に関する国家委員会**（ＣＮＩＬ）が二〇一二年四月十二日に決議した統一的判断《オトリザシオン・ユニーク》第二十九号が定めている。

公開年限の問題は、文書の利用を妨げうる物質的な制約（状態がきわめて悪く扱いが困難である場合）とは関係がない。そのような制約は、いわゆる「代替物」としての支持体（マイクロフィルムやデジタル化）の利用によって緩和できる場合がある。

2　さまざまな利用者への対応——閲覧室とオンライン

アーカイヴズというものは、何よりもまず「歴史家」のためのものであると見なされることが多い（ここでいう「歴史家」は総称であり、歴史学〔一般的な歴史または美術史〕を専攻する学生、自分の家族の歴史を調べている家系研究家《ジェネアロジスト》、自分の地域や村や家の過去について書こうとしている人びとなどをすべて含んでいる）。その次に想定されるのが、行政機関（自機関のファイルを参照する必要が出た場合）や、法的・証拠的な観点による調査（保険歴のみなし認定[9]、売却や相続のための不動産の地歴調査、権利義務を発生させる判決や決定の調査）である。

以上の説明は、実際にはさまざまに異なった利用者を含んでいる。たとえば、間違いなく利用者の最も大きな割合を占める家系研究家の調査の仕方は、歴史学の学生や教師のそれとは大きく異なっており、何よりもまず自分自身のことを知り、近親者へ伝えることを主眼としている。より広く言えば、文書館での調査に熱心に取り組む人びとの多くは、歴史学の基礎研究のためというよりは、むしろ趣味の活動として（しばしば団体活動の一環で）行なっているのである。そのうえアーカイヴズの用途は歴史学の枠を大きく超えるものであり、社会学や法学も含んでいる。

利用者の目的が多様であるのと同時に、その閲覧の方法もまた多様である。二十世紀の最後三分の一に起きた家系調査の爆発的増加は、**閲覧室**の利用の増加をもたらした。逆に、この約二十年間は、物理的な来館者数の一貫した減少（おもに、家系研究家からの需要の大きい文書類がオンライン化され移動の必要なく閲覧できるようになったことによる）と、「仮想的な」すなわちオンラインの利用者の指数関数的な増加が起きている。二〇一八年に、フランスのすべてのアーカイヴズ機関で「物理的に」提供された保存箱や簿冊の総数は約一七〇万点であったのに対し、インターネットからのアクセスは四四〇〇万回を超えた。

積極的なデジタル化方針によってアーキヴィストたちが大規模に推し進めたこのような変化は、アーカイヴズの利用提供に関する方針に根本的な再考を迫っている。オンラインで利用可能な文書の種類と数の大幅な増加を目指し、今や大部分の努力はインターネット上のウェブサイトに向けられている。検索手段の場合と同様に、現在、機関の壁を超えたポータルサイトが、同じテーマに関する文書類を（出所の違いに関係なく）統合している。たとえば第一次世界大戦の百周年記念の一環として二〇一四年に公開されたウェブサイト「大いなる記念碑《グラン・メモリアル》」(10)は、各県立文書館によってデジタル化された新兵登録簿の画像を、索引とともにオンラインで提供している。

それゆえ、多くの利用者がその便利さから、インターネットで閲覧可能な文書のみしか考慮しなくなってしまう危険性は大きい。それらの文書はますます〔シリーズやファイルの一部としてではなく〕単独の「アイテム」であると見なされ、文書の解釈にあたって必要な、作成された文脈が度外視されてしまうのである。アーキヴィストは、すぐにはオンライン化の対象にはならないが特定の調査要求に応えてくれる文書の存在について、注意を促すことができなければならない。ときにはソーシャル・メディアを使うことで、そうしたあまり顧みられることのない史料の例を新たな方法で紹介することもできる。

いまなお来館している利用者からも、新たな要求が寄せられている。彼らはいまやほぼ全員がデジタル撮影機器を持っており、文書をその場ではほとんど閲覧せず、撮影して自分のコンピュータ内に文書庫を作成し、自宅で好きな時に心ゆくまで利用できるようにしているのである（実際にできるかどうかは別である。というのは蓄積された大量の画像はしばしば彼らの処理能力を超えてしまうので）。したがって、近年に至るまで優先的に取り組まれてきた事柄、すなわち開館時間の長さ、利用者の学術的な案内役となる「閲覧室の主宰者《プレジダン》」〔フランスでは文書館や図書館の閲覧室を監督するカウンター職員はこのように呼ばれる〕の人数と質、閲覧室で利用できる参考図書類の整備などについては、つねに一定の需要はある〔生活様式の変化に伴い、大都市では特定の日における遅い時間までの開館、さらには文字どおりの「夜間開館《ノクテュルヌ》」が進んでいる〕とはいえ、見直していく必要があるだろう。

3　閲覧室の外へ

「アーカイヴズへのアクセス」とは、歴史研究や法律上の調査の目的で原文書を物理的・仮想的に閲覧することだけを意味するものではない。できるだけ多くの利用者によってアーカイヴズ文書が共有されることは、文化の民主化のための真に重要な課題であり、その意味において公権力によって強く推進されているのだが、そのためには他の形による〔アーカイヴズと利用者をつなぐ〕媒介が欠かせないのである。

帝国文書館の館長であったラボルド侯爵の慧眼は、早くも一八六七年に、所蔵する最も重要な文書類の常設展示を行なう「国立文書館附属博物館」の設置を決定した。当時〔展示のために〕選ばれた文書は、政治史〔に関する文書〕や著名人の署名が優先されていたため、もはや現代の要請に全面的に応えられるものではないが、その当初の意図は今なお色あせていない。同種の博物館は、十九世紀末にロンドン（パブリック・レコード・オフィス）に、一九三五年にはワシントン（ナショナル・アーカイヴズ・ビルディングにあるナショナル・アーカイヴズ・ミュージアム）に、それぞれ誕生している。

こんにちアーカイヴズ機関は、文書の展示に関して体系的な方法を発展させており、国家的な記念（第一次世界大戦百周年など）、時事的な出来事（二〇一六年のサッカー欧州選手権フランス大会など）、大きな社会的関心事（民主主義、市民権など）といったさまざまな問題意識に応えようとしている。それを行なうため、アーカイヴズ機関はみずからの正当性を基礎づける専門的な判断力を備えている。すなわち、収集と編成の作業を通じて得られた資料群に関する知識は、繰り返し現われる文書と例外的な文書の識別や、文書の作成文脈およびその実際の重要性の評価を可能にしているのである。

とはいえ、文書の展示というものは、たとえ他の（たとえば博物館の）コレクションから展示品を加えて充実させたとしても、多くの人びとにとってはしばしば味気ないものである。そのため、展示には他の活動が伴う必要がある。シンポジウムや案内つきツアーに加え、近年は俳優による「文書の朗読会」や、さらに映画上映も行なわれるようになっている。

アーキヴィストたちはまた、早くから就学期間中の子どもたちのことも気にかけてきた。一九五四年にはすでに、国際アーカイヴズ評議会が主催した初回の国際アーカイヴズ円卓会議が「アーカイヴズと教育」というテーマを取りあげている。教育的なワークショップは、歴史教育をより具体的なものにし、さまざまな教科（フランス語、図画など）の間につながりをもたらすことができる。二〇一八年には、約二十六万人の児童と生徒がフランスのアーカイヴズ機関を訪れている。その中には、きっと未来のアーキヴィストや研究者がいるだろう。

訳注

（1）大学入学資格試験《バカロレア》合格後、グランゼコール（大学とは別に設置されているエリート専門職養成のためのフランス独自の高等教育機関の通称）の入学試験に向けた準備教育を行なう高等教育課程。特定の高校に併設されている場合が多い。

（2）https://www.piaf-archives.org/

（3）日本では「レコード・スケジュール」または「リテンション・スケジュール」と呼ばれることが多い。日本における国の公文書管理行政においては、公文書管理法で定める「行政文書ファイル管理簿」がこれに相当する。

（4）ここで挙げられている資料群《フォン》、サブ資料群《フォン》、シリーズ、ファイル、アイテムは、アーカイヴズ資料の記述に関する国際標準であるＩＳＡＤ（Ｇ）で定義されている階層的な資料単位。本書ではＩＳＡＤ（Ｇ）英語版の用語を訳語として採用している。

（5）https://www.siv.archives-nationales.culture.gouv.fr/siv/

（6）https://francearchives.fr/

（7）https://www.archivesportaleurope.net/

（8）モーリス・オーダンはアルジェリア出身のフランス人数学者。アルジェリア独立運動に関わり、一九五七年にフランス軍によって拉致され行方不明となった。二〇一八年にマクロン政権が軍による拷問死を認め、謝罪した。

（9）「保険歴のみなし認定（reconstitution de carrière）」とは、「加入者が現在ではある制度に属する職務を行っていた期間であって、その時期に当該制度が存在していれば保険料を支払っていたであろう期間を有効なものと認めること」（中村紘一・新倉修・今関源成監訳『フランス法律用語辞典　第三版』、三省堂書店、二〇一二年、三五六―三五七頁）とされ、一般には退職にあたって年金などの支払いに遺漏が出ないよう、それまでの職業歴を総括する作業を指す。

（10）http://www.culture.fr/Genealogie/Grand-Memorial

結語

多くの人びとは文書館を浮世離れした場所だと想像しているが、アーキヴィストはみずからの職務を、現代世界の変化と要請に真っ向から取り組むものであると考えている。

技術的な点について言えば、情報科学は、この数千年来行なわれてきた〔アーカイヴズの〕基本的なあり方に疑問を投げかけている。文書というものは徐々に、（その言語と文字を習得していれば）直接にアクセスが可能である物質的な対象ではなくなってきている。さらに、文書の認証、収集、評価、保存、記述、提供に関わる原則は全面的に変貌し、こんにちでは大昔の経験に頼ることはもはや不可能となった。「レコード・マネジメント」の進歩の結果、アーキヴィストは文書作成を制御できるようになると期待を抱くようになったが、作成される文書は爆発的に増加しており、〔アーキヴィストの手から〕逃げ去ってしまう。同時に、インターネットの発達によって、従来は出向かなければ閲覧できなかった目録や文書を誰もが入手できるようになった。〔インターネット上の〕新たな利用のあり方が広まるだろうが、一方で、〔文書の〕学術的に正確な公開や、〔情報の〕流通管理は困難になるだろう。

こうした変化は、相矛盾する熱望を社会に抱かせることになる。透明性、データへの即時的なアクセス、情報の自由な交換への志向がこれほど強いことはかつてなかった。同時に、個人データのいっそうの保護と、みずからに関するデータを消去する権限を各人が持つことに対する根強い要求もさらに高まっている。そのため、「記憶の権利」と「忘却の権利」のおなじみの緊張関係は、現在とくに深刻になっていると言える。

こうした困難に直面すると、前の世代の〔アーカイヴズの〕専門技術と原則を時代遅れのものと見なしたくなる誘惑は強い。たしかに、新たな課題は必然的に新たな解決策を必要とするが、その解決にあたっては、〔アーキヴィストの〕職業倫理の基礎となっている誓約《アンガージュマン》の持つ永続的価値の助けを借りるのが良いだろう。すなわち、「アーキヴィストの倫理綱領」〔第一章Ⅵの3を参照〕が示すとおり、過去においても現在においても「アーキヴィストは、アーカイヴズの完全性を維持し、それによってアーカイヴズが過去についての永続的かつ信頼に足る証拠であることを保証しなければならない」のである。

謝辞

本書の初版の原稿に目を通して意見をくださったクリスティーヌ・ヌガレ氏（国立古文書学校名誉教授、アーカイヴズ高等評議会副議長）とイザベル・ヌシュヴァンデル氏（文化事業監督官［当時］、元・国立文書館長）に、とくに感謝を捧げる。また、情報の補足や修正をしてくださった多くの同業の仲間たちと、私自身の知識が常により正確であるように手助けをしてくれたアーカイヴズ専攻の学生諸君にも御礼申し上げる。

訳者あとがき

本書（Bruno Galland, *Les Archives*, collection «Que sais-je?», n° 805, Humensis, Paris, 2e éd., 2020）は、ジャン・ファヴィエによる同名の著作（一九五八年初版）の後継となる待望の新版である。著者ブリュノ・ガランはリヨンの出身。国立古文書学校を卒業後、国立文書館での勤務を中心に長年アーキヴィストとしてのキャリアを積み、現在はローヌ県立リヨン・メトロポール文書館長を務めている。並行してパリ第四大学（現ソルボンヌ大学）などで教鞭をとる他、中世史やアーカイヴズに関する著作も多い。第一線の実務家と歴史研究者の両方の顔を持った、まさに「古文書学校卒業生《シャルティスト》」の本道を歩んできた人物であると言って良い。

本書は、アーカイヴズという存在について、その起源から現代にいたるまでの歴史、主要機関、所蔵資料、使命、教育制度、現代の課題などの幅広い内容を、コンパクトな紙幅のなかでバランスよく押さえている。あくまでフランスの文書館をめぐる記述が中心だが、全体を通読すれば、アーカイヴズ一般に通底する基本的な概念や問題意識について理解を深めることができるだろう。フランスは、十七世紀に体系的な古文書研究の方法論（文書形式学《ディプロマティーク》）がジャン・マビヨンらによって確立され、大革命の際には世界で初めて民衆に開かれた近代的な国立文書館制度を発足させた国である。いまだにアーカイヴズが社会に根付いているとは言えない日本にとって、この分野の経験において数百年の長があるフランスの歴史と実践から学べることは多いだろう。

「アーカイヴ（ズ）」という言葉に対して多くの人が抱くのは、たとえば古い資料や使われなくなった電子ファイル、あるいはそれらの置き場、といった漠然としたイメージではないだろうか。それを広義のアーカイヴ（ズ）であるとするならば、本書で取り扱われているのは、狭義の、いわばその本来の意味におけるアーカイヴズであり、「保存された記録資料」と、それを扱う「機関・施設」の両者を表す。ここでいう記録資料とは、組織や個人の活動に伴う副産物として生み出されるものを指し、そこにはたとえば決裁文書、議事録、契約書、領収証、手紙、メモ、日記、フィルムといったさまざまな種類の資料が含まれる。それらは当初の役割を終えると、そのうち一部が歴史的価値を認められ、文書館、史料館、企業の資料室といったアーカイヴズ機関で恒久的に保存されることになる。

アーカイヴズには大きく二つの役割がある。第一に挙げられるのはその法的・証拠的性格であり、権利義務の根拠や実務上の有用性のため参照される。これは行政・経営の透明性や説明責任といった点にもかかわる、すぐれて公的な側面である。第二の役割は歴史研究上の史料としてのそれであり、後世による検証の基礎資料となる。人間活動に伴って自然に生成された記録の集積であるアーカイヴズは、いわば社会のナマの記憶を形作るものであり、その意味で、意識的に編集・公刊された知を扱う図書館と双璧をなす存在であると言える。

とはいうものの、一般にもなじみの深い図書館と違い、アーカイヴズ（ないし文書館）は、個人の生活からは縁遠いもの、行政関係者や歴史家にしか関係のないもの、と思われるかもしれない。しかし、フランスの身分証書《エタ・シヴィル》の例を持ち出すまでもなく、私たちは生まれ落ちた瞬間から法的人格として、性別、出生場所、体重・身長といった個人に関する情報――メタデータ――とともに出生証明書に記載され、さらに戸籍をはじめとするあらゆる公文書に記録され続ける。そして私たちはこの世を去るまで、否、ときには死後もなお、さまざまな権利関係の網の目の中で、文書として、あるいは文書上のメタデータとして存在し続ける。国家という名の権力《アルケー》にとっては、私たちは徹頭徹尾、文書であり、そこに記されたメタデータの塊に他ならない。アーカイヴズは私たちの存在の奥底に深く食い込んでいるのである。

アーカイヴズをめぐる文化や実践は、国によって少しずつ異なる。本書で記述されているのはあくまでフランスを中心とした事情であることに留意されたい。ここでは三点ほど、日本と異なるフランスのアーカイヴズの特徴を挙げておこう。

まず、アーカイヴズの守備範囲の広さがある。古典的なライフサイクル論にしたがえば、文書はその作成機関における現用文書（および、ときに半現用文書）の段階と、非現用文書としてアーカイヴズ機関へ移管された後の段階の二つに大きく分けて考えることができるが、二十世紀半ば以降、特に北米を中心として、前者は「レコード・マネジメント（記録管理）」、後者は「アーカイヴズ」と、異なるディシプリンへの分化が進み、多くの共通点を持ちながらも別の専門領域を形成してきた。しかしフランスの場合、その専門分化は緩やかであり、基本的にはどちらもアーキヴィストの領分である。文書の生産に始まり、現局における利用と一時保存、アーカイヴズ機関への移管、評価選別、整理、保存、提供、という連続的なプロセスの総体をアーカイヴズとして捉えている点はフランスの特徴と言ってよいだろう。本文でも述べられているように、フランス省庁間アーカイヴズ部がアーキヴィストである文書専門派遣職員《ミシオン》を特定の省庁へ派遣して、行政文書の管理と国立文書館への移管のサポートを行なっていることは、まさにその発想に由来する。

次に、現代フランスにおいてアーカイヴズ資料は、法的には「文化遺産法典」で定義されており、かつそれを扱う上級専門職が（美術館・博物館などと同じく）国立文化遺産学院で養成される「文化遺産保存官（conservateur du patrimoine）」であることからも分かるように、「文化遺産（patrimoine culturel）」の一つとして位置づけられているという側面を持つ。文化遺産とは、国の歴史的記憶やアイデンティティが物象化された文化的所産の総体と考えれば良い。そこには考古資料、美術作品、建造物など広い事物が含まれるが、アーカイヴズ資料もその一つであるという位置づけである。この点については本書では深く述べられていないが、重要な点であるので指摘しておきたい。
そして、他の多くの欧米諸国と同様にフランスでは、市民が自分の先祖をたどる家系調査の需要が根強く、市民による文書館の利用を大きく後押しする要因となっている。日本とは大きく異なる事情であり、アーカイヴズが社会に根付いている一つの大きな理由でもある。

それでは、翻って日本のアーカイヴズの現状はどうかというと、近代国家形成期に文書館制度が導入されなかったという経緯もあり、いまだ発展途上というべき状況にある。第二次世界大戦後の史料保存運動および文書館設立運動の結果、一九五九年の山口県文書館の設置を皮切りに各地で文書館が整備されていったが、地方公共団体のうち文書館を設置しているのは、都道府県では三十三、市区町村（一七四一団体）では一〇五の自治体にとどまっている（二〇一八年現在）。国のアーカイヴズ制度に関しては、一九七一年に国立公文書館が創設されたのち四十年を経て、情報公開法（二〇〇一年施行）および公文書管理法（二〇一一年施行）によって法的には一応の完成を見ているが、それを支える体制は必ずしも十分ではない。国立公文書館の職員定数（六十五名［二〇二〇年度］）が諸外国と比べて著しく少ない点も、つとに指摘されてきたところである（たとえばフランス国立文書館の職員数は四七八名［二〇一九年末現在］）。

また、残すべき文書を残し、改竄や恣意的な廃棄などのない適正なアーカイヴズの運用を行なうためには、文書作成機関での文書管理の徹底だけでなく、専門職としてのアーキヴィストの養成が不可欠である。この点に関しては、長年、日本では司書や学芸員のような公的資格がアーキヴィストには存在しなかったが、二〇二〇年度には国立公文書館によってアーキヴィストの認証制度が開始されるなど、徐々に明るい展望が開けている。今後は、制度面の整備と合わせて、大学・大学院における専門教育も拡充されていくことを期待したい。

ところで、フランスの文書館については、個人的に思い出す一つの光景がある。訳者がパリの国立古文書学校に在籍していた頃、修士二年目の講義はマレ地区にある国立文書館の一角、一七〇五年に建てられたロアン館で行なわれていた。抑制のきいた古典主義的バロック様式の建物の二階部分は、それぞれ調度に工夫を凝らしたサロンが連なる構成になっており、その一室が教室に充てられていた。十八世紀そのままの室内にずらりと二十台の端末が並ぶ光景は、一種スチームパンク的な壮観を呈し、私たち学生はその空間で、XMLによるアーカイヴズ資料の記述や史料のテキストデータの構造化などに取り組んでいたのだった。歴史的文化遺産とデジタル技術が、融合するわけでもなくそれぞれが主張しつつ同じ場所に共存するその光景は、現代のアーカイヴズが置かれている状況、その可能性と困難をそのまま象徴しているように思われた。

著者ガランが述べているとおり、現在アーカイヴズの世界に起きている最大の変動が、情報技術の進展であることは疑いない。資料がいったんデジタルの世界に取り込まれてしまえば、物理的な移動なしにさまざまな資料を渉猟することができるようになるだけでなく、文書館、図書館、博物館・美術館といった由来による違いは希薄になる。コンテンツの提供側が適切なメタデータの整備やシステムの実装を行なえば、利用者にとって新たな文化資源の発見やデータの活用の可能性を大きく高めることができる。

他方で、文書作成機関からアーカイヴズ機関への資料の物理的な移動を前提としていた、伝統的な現用文書と非現用文書の境界が、デジタルデータでは著しく不明瞭となる。さらに異版の管理、改変可能性への対処、セキュリティなど、アーカイヴズの真正性を脅かすデジタル特有の問題も多い。デジタル文書がますます支配的になっていく世界で、それらの課題をどのように解決していくのか、そこにどのようにアーキヴィストが関与するのか、どのような新しい専門性が必要になるのか、世界中で模索が続けられている。

最後に、本文への補足の意味も兼ねて、若干の訳語について触れておきたい。

・アーカイヴズ（archives［フランス語ではアルシーヴ］）

この語は「序」にもあるとおり多義語であるため、「文書（群）」「文書館」「文書庫」「アーカイヴズ」など、文脈によって訳し分けた。また、公的アーカイヴズ機関であっても私文書を所蔵していることが多いため、個別の機関名については、特に定訳がない限り原則として「公文書館」ではなく「文書館」としている。

・文書（document）

アーカイヴズやレコード・マネジメントにおいては、記録資料の基礎単位は英語で document または record と呼ばれ、document のうちの一部が法的・証拠的価値のある record になる、というのが概ね最大公約数的な理解である。両者の意味範囲は文脈や論者によって少しずつ異なるが、いずれにせよフランス語の document はこの両語を包摂する概念である。本訳においては割り切って「文書」で統一することとしたが、これは文字資料や紙の書類とは限らず、場合により地図、視聴覚資料、粘土板、デジタルデータといったあらゆる記録資料が含まれることに注意されたい。

・編成・分類（classement）

文書館等が受け入れたアーカイヴズ資料を知的かつ物理的に整理する作業を指し、英語の arrangement（編成）および classification（分類）の両者をカバーする概念である。訳語は日本における現在の主流の用語法に合わせて「編成」を基本としたが、伝統的にフランスにおけるアーカイヴズ資料の組織化においては、アーカイヴズ機関側であらかじめ分類体系（本文にある「基本分類表」など）を用意しておき、受け入れた資料（群）をその秩序のどこかに落とし込むという発想が基本にあるため、特に歴史的文脈においては「分類」と訳した方が適切な場合も多い。そのため訳語は文脈に応じて柔軟に使い分けている。

・その他

フランスと日本とでは国家機構も社会制度も異なる。訳語の選択にあたっては、読者にとっての理解の便を考慮し、両国でおおよそ類似の概念であれば、厳密な違いにはこだわらずに分かりやすい日本語を充てることを優先した。また、フランスの行政機構は、最上位の省庁レベルにおいても組織改編が激しい。可能な限り訳注の形で補足に努めたが、本書で述べられている政府機関の現状は、底本である原著第二版の刊行時点（二〇二〇年）のものであり、今後もさらに変化していくであろうことに留意されたい。

なお、訳文では特に明示していないが、原著に散見される年代や表記等の軽微な誤りは訳者の判断で修正した。

本書の翻訳にあたっては多くの方々に助けていただいたが、特に次の皆様にお礼申し上げたい。まず日仏図書館情報学会の安江明夫氏（元国立国会図書館副館長）と清水裕子氏（日仏会館図書室）。安江氏には本書の翻訳の直接のきっかけを作っていただいた。岡崎敦氏（九州大学）、森本祥子氏（東京大学文書館）、向井伸哉氏（大阪市立大学）、三重野清顕氏（東洋大学）の各先生方からは、訳語や表記などに関して、それぞれ専門の見地からご助言をいただいた。なかでも向井氏は草稿全体に目を通した上で詳細なコメントをくださった。もちろん訳文に対する最終的な判断と責任は訳者に帰すものであり、読者諸賢のご批正を賜れれば幸いである。本書を作ってくださった白水社編集部の小川弓枝氏にも感謝申し上げる。最後に、翻訳作業中いつも温かく応援してくれ、かつ訳文中の法律用語に関して専門家として的確な助言を寄せてくれた妻に感謝の言葉を捧げる。

二〇二〇年十二月

大沼太兵衛

参考文献

国立古文書学校が公開しているオンライン情報源のうち、ポータルサイト「テレーム〔Thélème〕」（http://theleme.enc.sorbonne.fr/bibliographies/）では、同校の教授（オリヴィエ・ギヨジャナン、オリヴィエ・ポンセ、エドゥアール・ヴァスール）によって定期的に更新されている網羅的なアーカイヴズ関連文献の一覧を見ることができる。以下の文献（フランス語のもののみを挙げた）は出発点にすぎない。

実用的な概論および総論的な著作

初学者向け

Babelon J.-P., *Les Archives. Mémoire de la France*, Paris, Gallimard, 2008.

Cœuré S., Duclert V., *Les Archives*, Paris, La Découverte, 2019 (3e éd.).

雑誌の特別号

Anheim É., Poncet O. (dir.), « Fabrique des archives, fabrique de l'histoire », *Revue de synthèse* no 125, 2004, p. 1-4.

« Archives et enjeux de société », *Culture et recherche*, no 129, 2013-2014.

アーカイヴズの歴史

通史・比較史

Delsalle P., *Une histoire de l'archivistique*, Sainte-Foy, Presses de l'université du Québec, 1998.

フランス国立文書館

Béchu C. (dir.), *Les Archives nationales. Des lieux pour l'histoire de France. Bicentenaire d'une installation (1808-2008)*, Paris, Somogy,

2008.
Favier L., *La Mémoire de l'État. Histoire des Archives nationales*, Paris, Fayard, 2004.
Neuschwander I., « Les archives, une crise paradoxale ? », *Le Débat*, 2011, p. 130-138.

その他の個別テーマ

Cœuré S., *La Mémoire spoliée. Les archives des Français, butin de guerre nazi et soviétique (de 1940 à nos jours)*, Genève, 1997 ; rééd. Payot, « Petite Bibliothèque », 2013.
Galliano G., Calvet Y. (dir.), *Le Royaume d'Ougarit. Aux origines de l'alphabet*, Paris et Lyon, Somogy et musée des beaux-arts de Lyon, 2004.
Nicolet C. (dir.), *La Mémoire perdue. À la recherche des archives oubliées, publiques et privées, de la Rome antique*, Paris, Presses universitaires de Paris-Sorbonne, 1994.

アーカイヴズ学

各種マニュアルおよびフランス・アーカイヴズ局作成の有用なガイド類

Abrégé d'archivistique, Paris, Association des archivistes français, 2012 (3e éd.).〔最新は2020年の4e éd.〕
Bastien H., *Droit des archives*, Paris, La Documentation française, 1996.
Brun Y., *La Sûreté du patrimoine archivistique*, Paris, Archives de France, 2015 ; en ligne : https://francearchives.fr/file/1742309db927b74dd57fdafea670fa9f1c568842/MCC-Vademecum2018-v4.pdf
Cornu M., Fromageau J. (dir.), collection « Droit du Patrimoine culturel et naturel », Paris, L'Harmattan[1]; en particulier : *La Préservation des archives privées et l'intérêt public*, 2013 et Monnier S., Fiorentino K. (dir.), *Le Droit des archives publiques entre*

1 補足的な情報についてはフランス・アーカイヴズ局による研究ブログを参照のこと（https://siafdroit.hypotheses.org）。

permanence et mutations, 2014.
Dhérent C. (éd.), *Les Archives électroniques. Manuel pratique*, Paris, La Documentation française, 2002.
Étienne G., Limon-Bonnet M.-F. (dir.), *Les Archives notariales*, Paris, La Documentation française, 2013.
Étienne G., Saïe-Belaisch F., Parchas M.-D., *Les Archives dans la cité. Architecture d'archives (2004-2012)*, Paris, Service inter-ministériel des Archives de France, 2013.
Favier J. (dir.), *La Pratique archivistique française*, Paris, Archives nationales, 1993.
Le Goff A. (éd.), *Les Archives des associations. Approche descriptive et conseils pratiques*, Paris, La Documentation française, 2001.
Nougaret C., Éven P. (dir.), *Les Archives privées*, Paris, La Documentation française, 2008.
Nougaret C., *Les Instruments de recherche*, Paris, La Documentation française, 1999.

アーカイヴズ学全般

Actes des journées d'archivistique de l'université de Louvain-la-Neuve.
Duchein M., *Études d'archivistique (1957-1992)*, Paris, Association des archivistes français, 1992.
La Gazette des archives, revue de l'Association des archivistes français.

アーカイヴズの受容

Association « Une cité pour les Archives nationales », *Les Français et leurs archives*, Actes du colloque du Conseil économique et social du 5 novembre 2001, Paris, Fayard, 2002.

私文書

Bardet J.-P., Ruggiu F.-J. (dir.), *Les Écrits du for privé en France (de la fin du Moyen Âge à 1914)*, Paris, CTHS, « Orientations et méthodes », 2014.
Hamon M., Torres F. (dir.), *Mémoire d'avenir. L'histoire dans l'entreprise*, Paris, Economica, 1987.

インターネットサイト

まずは、フランス省庁間アーカイヴズ部によって運営されているポータルサイト「フランスアルシーヴ〔FranceArchives〕」および研究ブログ「アーカイヴズの法律〔Droit(s) des archives〕」を参照されたい。また、フランス・アーキヴィスト協会、国立古文書学校、国際アーカイヴズ評議会、そして国際フランス語圏アーカイヴズ・ポータルの各ウェブサイトについても同様である。

訳者略歴
大沼太兵衛（おおぬま　たへえ）
1979 年東京都生まれ。東京大学文学部卒業（美術史学専修）。フランス国立古文書学校修士課程修了。現在、国立国会図書館司書。

文庫クセジュ　Q 1042
アーカイヴズ　記録の保存・管理の歴史と実践

2021年2月 1 日　印刷
2021年2月25日　発行
著　者　　ブリュノ・ガラン
訳　者 ©　大沼太兵衛
発行者　　及川直志
印刷・製本　株式会社平河工業社
発行所　　株式会社白水社
東京都千代田区神田小川町 3 の 24
電話　営業部　03（3291）7811 / 編集部　03（3291）7821
振替　00190-5-33228
郵便番号　101-0052
www.hakusuisha.co.jp

乱丁・落丁本は，送料小社負担にてお取り替えいたします．
ISBN978-4-560-51042-1
Printed in Japan

文庫クセジュ

社会科学

文庫クセジュ

語学・文学

文庫クセジュ

歴史・地理・民族（俗）学

文庫クセジュ

文庫クセジュ

哲学・心理学・宗教

文庫クセジュ

983 児童精神医学
987 ケアの倫理
989 十九世紀フランス哲学
990 レヴィ＝ストロース
992 ポール・リクール
996 セクトの宗教社会学
997 100語でわかるマルクス主義
999 宗教哲学
1000 イエス
1002 美学への手引き
1003 唯物論
1009 レジリエンス
1015 100語でわかる子ども
1018 聖なるもの
1019 ギリシア神話シンボル事典
1020 家族の秘密
1021 解釈学
1022 デカルト
1027 思想家たちの100の名言
1030 サン＝シモンとサン＝シモン主義
1033 ストア派
1038 キリスト教会史100の日付

文庫クセジュ

芸術・趣味